Study OK!

공부

임경희 · 조붕환 글 | 바이일러스트 그림

아이앤북
I&BOOK

머리말
INTRO

　옛날이나 지금이나 많은 어린이들이 '공부 없는 세상에서 사는 것'을 소원으로 꼽고 있답니다. 그런데 어린이들에게 가장 잘하고 싶은 것이 무엇이냐고 물어 보면 역시 '공부'라고 대답하지요. 재미있는 결과이지요?

　이렇게 많은 어린이들의 소원인 공부를 잘하게 되는 방법은 과연 무엇일까요? 어떻게 해야 공부 때문에 받는 스트레스에서 벗어나서 즐겁게 공부를 잘할 수 있는 걸까요?

　친구들 중에는 쉽고, 빠르고, 즐겁게 공부를 하는 친구들이 있지요? 아마도 이런 친구들을 보면 여러분은 '나는 아무래도 머리가 나쁜 것 같아. 나는 공부를 잘하기는 틀렸어.'라는 생각을 하게 될지도 모르겠네요.

　하지만 이런 친구들은 머리가 뛰어나게 좋아서라기보다는 공부를 잘할 수 있는 마음가짐과, 자기에게 맞는 학습 방법을 사용하고 있기 때문이랍니다. 그래서 어렵고 지루한 공부도 쉽고 즐겁게 하면서 좋은 결과까지 얻을 수 있는 것이지요.

　공부를 잘할 수 있는 방법을 모르면서 그냥 무조건 공부를 하다 보면 열심히 하고도 좋은 결과를 얻지 못하게 되는 경우가 많아요. 그렇게 되면 공부를 하고 싶은 마음이 자꾸 달아나 버리겠지요?

똑같은 재료를 가지고 음식을 만들더라도 어떤 마음을 가지고 어떤 방법으로 요리하느냐에 따라서 맛있는 음식이 되기도 하고 맛없는 음식이 되기도 하지요. 오랜 시간 동안 음식을 만든다고 해서 맛있는 음식이 되는 것은 아니니까요.

공부도 마찬가지랍니다. 많은 시간을 공부하는 것도 중요하지만 그보다 어떤 마음가짐으로, 어떤 방법을 써서 공부하느냐가 매우 중요하답니다.

이 책 속에는 어린이 여러분이 어떻게 하면 쉽고 즐겁게 공부를 하면서도 좋은 결과를 맺을 수 있는지에 대한 이야기를 실어 놓았답니다. 그리고 지금 여러분이 어떤 방법을 써서 공부를 하고 있는지 알아볼 수 있도록 하였습니다.

나의 모습은 어떤지를 되돌아보면서 이야기를 읽다 보면 차츰차츰 공부 잘하는 아이로 바뀌어 가고 있는 나를 발견할 수 있을 거예요.

우등생들의 마음 속에는 뭐가 들어 있을까? 어떤 방법으로 계획을 세워야 공부를 잘할 수 있는 것일까? 잘 외울 수 있는 비결은 무엇일까? 시험을 기다리는 우등생들의 비밀은 무엇일까?

자, 지금부터 쉽고 즐겁게 공부를 하면서 좋은 결과를 맺을 수 있는 방법을 따라가 볼까요?

임경희, 조붕환

CONTENTS

001 꿈이 있어야 이룰 수 있어요! ·6 | **002** 지고는 못 살아, 승부욕이 대단해 ·10 | **003** 못 해도 다시 한 번, 잘할 때까지 ·12 | **004** 나는 잘할 수 있어, 자신감이 빵빵! ·14 | **005** 조각 시간도 알뜰하게! ·20 | **006** 언제, 어디에서나 공부할 수 있대요 ·24 | **007** 집중이냐 공상이냐, 그것이 문제로다! ·28 | **008** 우등생은 99%의 엉덩이로 이루어진다? ·32 | **009** 공부 시작하는 데 몇 분 걸렸어? ·36 | **010** 24시간 계획, 24년 계획! 둘 다 필요해 ·40 | **011** 노는 데에도 계획이 필요하다고? ·44 | **012** 계획표에 공부할 양도 넣어야지 ·48 | **013** 지킬 수 있는 계획이 좋은 계획! ·50 | **014** 놀라운 기억력, 그 비밀은? ·52 | **015** 머리가 좋아지는 방법이 있다고? ·58 | **016** 배우고 나서 9시간이 지나면 잊어버린대! ·62 | **017** 반복하는 데 당할 자 누구냐? ·66 | **018** 입과 손도 써서 외워라! ·68 | **019** 공부도 나에게 맞는 스타일이 있

차례

다 · 70 | **020** 공부가 즐거운 놀이라고? · 74 | **021** 싫어하는 과목도 내 편으로 · 76 | **022** 매일매일 만나야 더 친해지지 · 82 | **023** 하루라도 책을 읽지 않으면 입 안에 가시가 돋힌다 · 84 | **024** 선생님과 눈싸움 한 판을! · 88 | **025** 먼저 예습하고 잘난 척하는 거야 · 92 | **026** 뭐가 그렇게 궁금한 게 많은지 · 96 | **027** 어려운 문제가 나오면 통과? NO! · 98 | **028** 시험 잘 보는 요령이 있다는데? · 102 | **029** 시험아, 덤벼랏! · 106 | **030** 선생님이 내신 문제와 내가 낸 문제가 몇 개나 같을까? · 110 | **031** 시험 문제는 교과서에 다 있지 · 112 | **032** 틀린 문제, 그냥 넘기면 후회하지! · 114 | **033** 공부에 방해가 되는 적을 찾아볼까요? · 116 | **034** 공부는 왜 하는 걸까? · 120 | **035** 잘 될 거야! 주문을 외워요 · 124 | **036** 졸릴 때에는 어떻게? · 128 | **037** 인터넷으로도 공부할 수 있어 · 130 | **038** 친구와 함께 공부하는 것도 좋은 방법! · 134 | **039** 열 번 공부하기보다 한 번 가르치는 게 낫다 · 136 | **040** 우등생들은 퀴즈 맞히기를 좋아한대요 · 138 |

부록 _ 과목별 공부 잘하는 비결 · 141

꿈이 있어야 이룰 수 있어요!

내가 하고 싶은 일에 대한 목표가 뚜렷하다면 아무리 힘들어도 계속 열심히 할 수 있어요. 나만의 꿈을 가지고 내가 하고 싶은 것을 찾아보세요.

"여러분, 오늘은 20년 후의 자기 모습을 상상하면서 20년 후의 일기를 써 보세요."

선생님께서는 마치 오늘 일기를 써 오라는 것처럼 쉽게 말씀하십니다.

'20년 후의 내 모습이라니? 앞으로 뭐가 되고 싶은지 생각해 본 적도 없는데. 게다가 그걸 어떻게 일기로 쓴담?'

윤정이는 다른 아이들은 어떻게 하고 있나 두리번거리기만 할 뿐 도무지 시작을 하지 못하고 있었어요. 지금까지 미래에 대해 생각해 본 적이 별로 없었기 때문이지요.

윤정이는 고민 고민을 하다가 미래의 자기 모습에 대해 생각해 보기 시작했어요.

'20년 후에 난 어떤 사람이 되어 있을까?'

도대체 상상이 안 되는 거예요. 세상에, 이렇게 중요한 걸 왜 아직 한 번도 생각해 보지 않았을까?

그런데 짝꿍 은지는 선생님의 말씀이 끝나자마자 줄줄줄 막힘 없이 일기를 쓰기 시작하는 거예요. 그래서 슬쩍 들여다봤지요.

은지의 일기는 이렇게 시작되었어요.

> **은지의 일기**
>
> 20년 후의 오늘. 날씨 맑음
> 오늘은 전세계의 관심이 이 곳에 집중되어 있는 날입니다. 미항공우주국의 세계적인 과학자 이은지 박사 팀이 오늘 저녁 지구 역사상 최초로, 은하계의 미지의 별로 우주 여행을 떠날 예정이기 때문입니다. 그 동안 이은지 박사 팀은……

　우와, 세상에! 윤정이는 꿈이 무엇인지 생각도 안 해 봤는데, 은지는 20년 후의 자기 모습뿐만 아니라 그렇게 되기 위해서 지금부터 해야 할 일까지 자세하게 쓰다니……. 그래서 은지가 평소에 그렇게 공부를 열심히 했던 걸까요?

　꿈을 갖는다는 것은 여행의 목적지를 정하는 것과 같답니다. 여행 갈 때에는 먼저 어디로 갈 것인지를 정하지요? 다음으로 그 곳에 가려면 기차를 타야 할지, 버스를 타야 할지, 걸어갈 것인지 등을 정하게 될 거예요.

　만약 여행을 하려는 사람이 어디로 떠날 것인지도 정하지 않고 집을 나선다면 기차역으로 가야 할지, 버스 터미널로 가야 할지 방향조차 잡을 수가 없어서 헤매게 될 거예요. 목표를 정하지 않았기 때문이지요.

학교 생활을 하다 보면 자기 일을 묵묵히 해내는 친구들이 있을 거예요. 그런 친구들을 잘 보면 미래의 꿈을 실현하기 위해 노력하는 모습을 볼 수 있어요.

꿈이 있는 사람은 그것을 이루기 위해서 자기의 노력을 한 곳으로 쏟아부을 수가 있어요. 하지만 이루고 싶은 꿈이 없다면 목표가 없기 때문에, 이리로 저리로 흔들리며 다니게 되지요. 이것이 좋을 것 같은 생각이 들면 이것도 좀 해 보다가, 저것이 좋을 것 같으면 저것도 좀 해 보다가……. 그러다 보면 시간도 많이 지나고 아무것도 잘 할 수 없게 되거나 이것도 저것도 모두 포기하게 된답니다.

공부도 마찬가지예요. 왜 공부를 해야 하는지, 내가 무엇 때문에 공부를

20년 후의 내 모습은?

하는지에 대해 아무 생각이 없으면 공부는 그저 지루하고 재미없는 것이 되어 버리지요.

먼저 미래의 꿈을 계획하고, 그 꿈을 이루기 위해서 해야 할 일들을 계획해 보세요. 꿈을 이루기 위해 노력하다 보면 자신도 모르게 실력이 쌓이고 바른 생활 습관도 생기게 되거든요. 그러고 나면 누가 시키지 않아도 스스로 공부하게 되지요. 공부는 스스로 하고 싶어서 할 때 가장 재미있게 할 수 있어요. 누가 시키면 괜히 하기 싫고 재미도 없어지잖아요.

내가 하고 싶은 일에 대한 목표가 뚜렷하다면 아무리 힘들어도 계속 열심히 할 수 있어요. 나만의 꿈을 가지고 내가 하고 싶은 것을 찾아보세요. 공부는 여러분의 꿈을 이루어 가는 데 도움이 되는 고마운 친구가 되어 줄 거예요.

자, 여러분도 오늘 일기는 '20년 후의 내 모습'을 제목으로 해서 써 볼래요?

어렵다고요? 우등생이 되고 싶다면 한번 해 볼 만하지 않나요? 20년 후의 나의 꿈을 이루기 위해 열심히 노력하다 보면 틀림없이 우등생이 되어 있을 거예요.

지고는 못 살아, 승부욕이 대단해

이번 시험을 못 보았으면 '나는 지고는 못 살아. 다음 시험에는 열심히 노력해서 좋은 성적을 받고 말 거야.' 라는 마음으로 노력하는 것이 우등생들의 마음 속에 들어 있는 승부욕이랍니다.

며칠 전 사회 시간에 우리 나라 각 지역의 특산물 및 도시 맞히기 퀴즈 대회가 열렸어요.

8개 모둠으로 나누어 시합을 했는데 민영이네 모둠과 정은이네 모둠이 결승전에 올랐어요. 민영이는 정은이와 국어, 수학에서부터 음악, 미술 등 모든 과목에서 서로 실력이 비슷해서 항상 라이벌 의식을 가지고 있었지요.

정은이네 모둠과 민영이네 모둠이 팽팽히 맞서 드디어 마지막 문제를 남기고 6 대 6 동점이 되었어요.

선생님께서 마지막 문제를 읽어 내려가셨어요.

"우리 나라 영동권에 위치한 도시로 신사임당이 태어났으며 선교장, 경포 호수, 경포 해수욕장이 있는……."

그 때 정은이가 "저요!" 하며 손을 드는 거예요. 순간 민영이는 가슴을 졸이며, 틀리기만을 바라면서 정은이를 바라보았어요.

"강릉입니다."

"그래, 맞았어요."

결국 정은이네 모둠이 우승을 하고 상으로 선생님과 함께 떡볶이 파티를 하게 되었어요.

민영이는 그 날 얼마나 화가 나던지 집에 오자마자 사회과 부도를 꺼내 놓고, 다음 퀴즈 대회에서는 정은이네 모둠을 꼭 이겨야겠다는 마음으로 책을 보기 시작했어요.

여러분도 수행 평가나 수학 경시 대회에서, 또는 공부 시간에 선생님께서 문제를 내실 때나 퀴즈 대회를 할 때 민영이와 같은 경험을 한 적이 있었나요?

"공부도 욕심이 있어야 잘하는 거야."라는 말을 들어 본 적이 있지요? 공부도 승부욕이 있어야 잘한다는 이야기이지요. 체육 시간에 축구나 피구를 할 때면 꼭 이겨야 한다고 열을 내는 친구들을 본 적이 있지요? 공부도 마찬가지랍니다.

이번 시험을 못 보았으면 '역시 나는 안 돼.'라는 마음이 아니라 '나는 지고는 못 살아. 다음 시험에는 열심히 노력해서 좋은 성적을 받고 말 거야.'라는 마음으로 노력하는 것이 우등생들의 마음 속에 들어 있는 승부욕이랍니다.

못 해도 다시 한 번, 잘할 때까지

끈기는 하루 아침에 생기는 것은 아닙니다. 하지만 그렇다고 해서 너무 실망하지는 마세요. 누구나 확실한 목표가 생기면 끈기를 가지고 노력하게 되기 마련입니다.

여러분은 공부를 하다가 잘 모르는 내용이 나오면 어떻게 하나요? 그냥 포기하나요, 아니면 끝까지 알아 내려고 노력하나요? **공부가 어렵다고 쉽게 포기하는 친구들은 공부는 물론 다른 일도 쉽게 포기하는 경향이 있답니다. 어때요, 나는 어떤 어린이인가요?**

책을 읽다가 얼마 안 가 지겨워져서 끝까지 읽지 않고 다른 책을 읽는다든지, 리코더 연습을 하다가 잘 안 되면 쉽게 포기해 버린다든지, 달리기를 하다가 숨이 차면 아예 포기해 버린다든지, 잘 안 풀리는 문제가 나오면 수학책을 덮어 버린다든지 하지는 않나요?

끈기는 공부뿐만 아니라 모든 생활에 필요하답니다. 무슨 일을 하든 끈기가 없이는 성공하기 어렵기 때문이지요. 그렇기 때문에 어린이들뿐만 아니라 어른들도 어떻게 하면 끈기를 키울까 고민하고 있답니다.

끈기는 하루 아침에 생기는 것은 아닙니다. 하지만 그렇다고 해서 너무 실망하지는 마세요. 누구나 확실한 목표가 생기면 끈기를 가지고 노력하게 되기 마련입니다. 이런 끈기가 우리를 성공에 이르게 하지요. 노력 없이 원하는 것을 쉽게 얻을 수는 없어요. 끈기를 가지고 최선을 다해야 합니다.

어려운 문제가 나왔을 때에는 일단 혼자서 해결해 보려고 노력하는 거예요. 내가 할 수 있는 방법을 총동원해서 문제를 풀어 보고, 그래도 이해가 되지 않으면 친구들에게 물어 보는 거예요. 그래도 문제를 해결하지 못하면 선생님께 여쭤 보아 문제를 해결하도록 하세요.

이렇게 고민 끝에, 어렵게 해결한 문제는 시간이 지나도 잊어버리지 않게 돼요. 한 문제를 해결하기 위해 여러 가지 방법을 사용해서 문제를 풀었기 때문에 문제를 푸는 동안 응용력과 이해력이 많이 향상되었기 때문이지요. 어렵다고 쉽게 포기하기보다 인내력을 가지고 끈기 있게 도전하는 사람만이 성공할 수 있는 거예요.

나는 잘할 수 있어, 자신감이 빵빵!

자신감이 있는 어린이는 공부에 대해서도 적극적이랍니다. 자신감은 '한번 해 봐야지.' 하는 의욕이 생기게 하는 에너지와도 같답니다.

체육 시간이에요. 아이들은 모두 신이 나서 난리인데 신정이는 걱정이 앞섭니다. 왜냐고요? 오늘은 신정이가 제일 싫어하는 긴 줄넘기 시합이 있는 날이거든요.

긴 줄에 발이 걸릴 때마다 아픈 건 참겠는데 친구들이 뚱보니까 못 넘는다고 놀리거나 "너 때문에 우리 모둠이 꼴찌를 했어."라고 화를 내며 손가락질할 게 뻔하니까요.

그럴 때면 신정이는 정말 자신에게 화가 나고 친구들도 미워져서 나무 그늘 밑에 앉아서 혼자 씩씩대곤 했어요. 아주 가볍게 줄을 넘는 친구들을 보면서 '나는 언제 저렇게 줄넘기를 잘할 수 있을까?' 하고 부러운 마음만 들었답니다.

그런데 오늘도 어김없이 모둠별로 긴 줄넘기 시합을 한다는 거예요. 역시 친구들은 신정이와 같은 모둠이 되지 않으려고 슬금슬금 피하기 시작했어요.

"야, 명환아! 이리 와. 신정이와 같은 모둠이 되면 무조건 꼴찌야."

항상 듣던 소리였지만 오늘따라 신정이의 마음 속에 오기가 생기지 뭐예요.

'그래 한번 해 보는 거야. 죽기 아니면 까무러치

기지, 뭐.'

그리고 줄넘기를 제일 잘하는 경현이 뒤에 섰어요. 정신을 집중하고 경현이가 뛸 때마다 같이 따라서 뛰겠다는 생각으로요. 시작 소리와 함께 줄넘기를 시작했어요.

"하나, 둘, 셋, ……, 열아홉, 스물, 스물하나."

스물한 번이라니? 신정이는 도무지 믿어지지 않았어요. 경기가 끝난 후 같은 모둠 친구들이 몰려와서 정말 잘했다고 머리를 치고, 안아 주고 난리였어요. 신정이는 꿈인지 현실인지 정신이 하나도 없었어요.

1학년 때부터 지금까지 체육 시간에 이렇게 친구들에게 영웅 대접을 받아 본 것은 처음이었거든요. 정말 자신이 뿌듯하고 앞으로 줄넘기를 잘할 수 있겠다는 자신감이 생기지 뭐예요.

사람은 누구나 어떤 일을 잘 해냈을 때에는 '와, 내가 해냈다!' 하는 뿌듯함과 기쁨을 맛보게 됩니다. 이런 뿌듯함과 기쁨을 성취감이라고 하지요. 그런데 작은 것이든 큰 것이든 이런 성취감이 자꾸 쌓이다 보면 자신감이라는 탄탄한 열매로 바뀌어 간답니다.

자신감이란 "나는 할 수 있어!"라는 믿음이에요. 즉, 열심히 노력하면 나도 잘할 수 있다는 믿음이지요. 공부를 잘하고 싶다면 이런 자신감부터 가져야 해요.

공부를 잘하게 되는 것과 자신감이 무슨 관계가 있냐고요?

'자신감 빵빵' 성민이와 '의기소침' 준성이는 수학 시험에서 둘 다 80점을 받았어요. 성민이는 '다음 번에 더 열심히 하면 성적을 올릴 수 있을 거야.'라고 생각했고, 준성이는 '열심히 공부해도 시험을 못 보면 어떻게 하지?'라고 걱정했어요.

어때요? 둘 다 80점을 받았지만 누가 앞으로 공부를 더 잘하게 될 것 같아요? 물론 자신감을 가지고 도전하는 성민이가 아닐까요?

여러분은 어떤 모습인가요?

자신감이 있는 어린이는 공부에 대해서도 적극적이랍니다. 하지만 자신감이 없는 어린이는 조금만 어렵게 느껴져도 '나는 못 해!'라는 생각에 금방 포기해 버리지요. 자신감은 '한번 해 봐야지.' 하는 의욕이 생기게 하는 에너지와도 같답니다. 그러니까 여러분 스스로 공부하겠다는 마음을 먹게 하는 제일 중요한 힘이라고 할 수 있지요. 에너지가 없으면 어떤 것도 움직일 수 없잖아요.

그럼 어떻게 하면 자신감이 생길까요?

먼저 자기가 할 수 있는 목표를 알맞게 세워서 하나씩 이루어 가는 것이 중요하답니다.

작은 목표를 하나씩 이루어 가다 보면 그 때마다 기쁨을 느낄 수 있고, 더 큰 목표를 향해서  도전할 수 있는 자신감이 생기지요. 처음부터 큰 목표를 세워 놓고 이루지 못했다고 자신을 못난이 취급한다면 자신감은 싹도 나지 않을 거예요.

먼저 자기가 가장 잘하는 일부터 작은 목표를 세워 도전해 보세요. 하기 어렵고 힘든 일부터 하다 보면 누구나 실패할 가능성이 많답니다. 아무리 자신감이 넘치는 사람도 자꾸만 실패를 하게 되면 '난 역시 안 돼.'라고 생각하면서 포기하게 되니까요.

공부도 마찬가지입니다. 자기가 잘하는 과목부터 작은 목표를 세워서 도전해 보세요. 자기가 잘하는 과목은 다른 것보다 쉽게 잘할 수 있지요. 작은 것이라도 하나씩 성공하다 보면 '난 그 때도 잘했으니까 앞으로도 잘할 수 있을 거야.'라는 자신감이 자신도 모르는 사이에 저절로 생겨나게 된답니다.

세상의 모든 일을 다 잘하는 사람은 없어요. 잘하는 일이 있으면 못 하는 일도 있지요. 그런데도 자기가 못 하는 것에만 매달려서 점점 자신감을 잃어 가는 건 현명하지 못한 일이겠지요? 미리부터 '난 못 해. 잘할 수 없을 거야.'라고 생각하는 건 시작도 하기 전에 이미 실패하게 만드는 원인이랍니다.

오늘부터 하루에 세 번씩 거울을 보고 주문을 외워 보세요. "난 잘할 수 있어. 내가 아니면 누가 잘하겠어!"라고 말이에요. 처음엔 잘 안 되겠지만 습관이 들면 나중엔 정말 내 마음이 그렇게 변한답니다.

다른 일을 할 때에는 자신감이 넘치는데, 공부할 때에는 이상하게도 자신감이 없어지는 어린이들이 있을 거예요. 여러분은 어떤가요? 여러분은 공부할 때 얼마만큼의 자신감을 가지고 하는지 함께 알아보자고요.

평소에 여러분은 어떤 생각을 가지고 공부하고 있나요? 자신의 경우를 떠올리면서 답해 보세요.

① 나는 학교 공부를 시작할 때 대부분의 내용을 잘 배울 수 있다고 생각한다.
② 나는 공부할 때 어려운 내용이 나오면 반드시 이해하고 넘어간다.
③ 나는 공부할 내용이 어렵다고 생각되어도 잘 해낼 자신이 있다.
④ 나는 별로 하고 싶지 않은 내용이라도 끝까지 공부한다.
⑤ 나는 무언가 방해를 해도 공부를 계속할 수 있다.
⑥ 나는 앞으로 공부를 잘할 수 있을 거라고 생각한다.
⑦ 내가 하고 있는 공부 방법이 대부분 효과적이라고 생각한다.
⑧ 나는 새로운 공부 내용이 나왔을 때 매우 빨리 이해하는 편이다.
⑨ 나는 다른 사람의 도움이 없이도 스스로 계획을 세워 공부를 시작할 수 있다.
⑩ 나는 열심히 노력하면 못 해낼 것이 없다고 생각한다.

만약 여러분이 "나도, 그래."라고 답한 것이 4개가 안 되는 경우라면, 이제부터 슬슬 자신감 기르기에 도전해 보아야 한답니다. 자신감을 기르려면 어떻게 해야 한다고 했지요?

'난 오늘부터 공부에 대해 자신감을 길러 볼 거야.'라고 단단히 마음먹으세요. 처음부터 너무 어려운 것에 도전해서 실패를 하는 건 절대 금물! 여러분의 자신감이 싹이 나다가 도로 땅 속으로 들어가 버릴지도 몰라요. 내가 쉽게 잘 해낼 수 있는 일부터 시작해 보자고요.

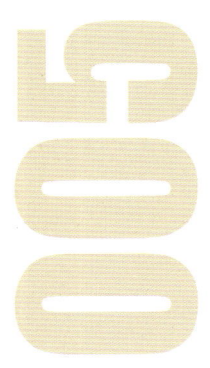

005

조각 시간도 알뜰하게!

하루라는 시간은 모든 사람에게 똑같이 주어지지요. 다른 사람보다 공부하는 시간을 좀더 갖기 위해서는 자투리 시간을 어떻게 활용하느냐가 중요한 문제라고 할 수 있겠지요.

"영수야, 밖에 나가서 놀자. 지금 점심 시간인데 공부한다고 머리에 들어올 것 같니?"

"창민아, 조금만 있다가 나갈게. 수학 익힘 한 쪽만 하면 돼. 지금 해 두면 집에 가서 숙제 안 해도 되잖아. 10분이면 돼. 먼저 나가서 놀고 있어."

창민이는 점심 시간이 되었는데도 숙제를 해 놓는다고 한참 동안 꾸물거리는 영수가 못마땅합니다. 하지만 영수는 시간이 별로 안 걸리는 숙제는 짬짬이 남는 시간에 해치워 버리는 것을 좋아합니다. 그러면 집에 가서 쉴 수 있는 시간도 많아지고 하고 싶은 것을 할 시간도 많아지거든요.

여러분은 어떤가요? 영수처럼 짬짬이 남는 시간을 활용해 본 적이 있나요?

하루라는 시간은 모든 사람에게 똑같이 주어지지요. 하루 24시간 중에서 잠자는 시간, 학교에서 공부하는 시간, 학원에서 보내는 시간, 식사 시간 등은 우리들의 일상 생활에서 꼭 필요한 시간입니다. 그리고 대부분의 다른 친구들도 거의 비슷하게 사용하고 있는 시간이지요.

누구에게나 똑같이 주어져 있는 24시간 중에서 꼭 해야 하는 일에 쓰이는 시간을 뺀 나머지 시간을 '자투리 시간'이라고 할 수 있답니다. 그러니까 다른 사람보다 공부하는 시간을 좀더 갖기 위해서는 자투리 시간을 어떻게 활용하느냐가 중요한 문제라고 할 수 있겠지요.

　그렇다면 우리들은 어느 정도의 자투리 시간을 흘려 보내고 있는 걸까요? 하루 중에서 꼭 하지 않으면 안 되는 일에 썼던 시간부터 빼 볼까요? 그러면 내가 아무 생각 없이 보낸 자투리 시간이 얼마나 되는지 알 수 있을 거예요.

　물론, 자투리 시간을 모두 공부하는 데 쓰라는 것은 아닙니다. 이

자투리 시간을 공부하는 데 사용하거나, 취미 생활이나 꼭 하고 싶었던 일을 하는 데 사용한다면 지금 당장은 적은 시간 같아 보여도 1년, 아니 10년 후에는 엄청난 결실을 맺을 수 있을 거예요.

하루에 한 시간의 자투리 시간을 활용하는 사람에게는 하루가 24시간이 아니라 25시간이 되겠지요? 하루에 한 시간씩 1년이면 365시간이나 되잖아요. 365시간이면 15일이고, 10년이면 150일로, 다섯 달이나 된답니다.

우리의 머리도 몸과 마찬가지로 휴식을 필요로 한답니다. 그러니까 공부에 집중할 수 있는 시간은 그렇게 길지 않다는 것이죠. 20분 정도 공부를 하면 10분 정도 휴식 시간을 주는 것이 좋다고 하니까 짬짬이 나는 시간을 활용해서 공부를 하는 것이 오히려 주의 집중에는 더 좋은 효과가 있을 수 있어요.

주위에 있는 우등생 친구들을 한번 살펴보세요. 모두들 오래오래 마냥 앉아서 공부만 하고 있나요? 그렇지 않을 거예요. 이런 친구들을 잘 살펴보면 그냥 멍하니 딴 생각을 하면서 시간을 보낸다거나 수다만 떨면서 시간을 보내지는 않는답니다. 잠깐씩 남는 시간에도 운동을 하거나 책을 보거나 뭔가를 만들거나 그리거나 하는 것을 볼 수 있을 거예요.

자투리 시간도 덩어리 시간만큼이나 활용할 만한 가치가 있지요? 오늘부터라도 자투리 시간까지 알뜰하게 사용하는 지혜를 배워 볼까요?

자투리 시간 활용법

제 1단계

나의 자투리 시간을 계산해 봅시다. 하루 동안 있었던 일을 떠올리면서 기록해 보세요.

꼭 필요한 일을 하는 데 걸린 시간을 뺀 자투리 시간들을 합치면 몇 시간쯤 되나요? 그냥 멍하니 시간을 보낸 건 언제였지요?

제 2단계

나의 자투리 시간을 어떻게 쓸 것인지 계획해 봅시다.

자투리 시간이 언제인지, 그리고 얼마나 되는지를 알아 냈다면 그 시간에 무엇을 할 것인지 정해 보세요.

제 3단계

가장 중요한 건 실천이지요. 열심히 계산만 해 놓고 실천하지 않으면 아무 소용이 없답니다.

언제, 어디에서나 공부할 수 있대요

공부는 꼭 공부방이나 도서관에서 해야만 잘 할 수 있는 것은 아니랍니다. 만화책이나 만화 영화를 보면서도 몰랐던 것을 배울 수 있고, 견학을 가거나 길을 지나다니면서도 모르는 것들을 배울 수 있지요.

만물 박사 철희는 모범생 경탁이의 단짝 친구입니다.

만물 박사라, 듣기만 해도 기분 좋은 별명이 아니겠어요?

모범생 경탁이는 만물 박사라는 별명을 가진 철희가 무척 부럽습니다. 만물 박사 철희는 도무지 모르는 것이 없어 보입니다. 공부도 잘하고 무엇이든 물어 보면 척척 대답해 주니 말이에요.

경탁이는 그런 철희 때문에 가끔 짜증 날 때가 있습니다. 경탁이는 철희와 같은 반이고, 집도 위아래층에 살고 있어서 경탁이 어머니는 철희와 경탁이를 사사건건 비교하시기 때문이지요. 게다가 학원까지도 같이 다니고 있으니 경탁이는 어찌할 도리가 없습니다.

그런데 더 황당한 것은 그런 만물 박사 철희가 도대체 언제 공부를 하는 건지 알 수가 없

다는 거예요. 철희와 경탁이는 거의 항상 같이 다니는데 특별히 철희가 경탁이보다 공부를 더 많이 하는 것 같지는 않거든요. 학원에 있는 시간도 비슷하고, 노는 시간도 비슷하고, TV를 보는 시간도 비슷한데 말이에요.

오히려 다른 게 있다면 철희가 경탁이보다 만화책 읽기를 더 좋아하고, 여기저기 돌아다니기를 좀더 좋아한다는 것뿐이지요. 결국 경탁이는 '이게 다 철희보다 머리를 나쁘게 낳아 주신 엄마 탓이야.'라고 생각하기로 했답니다.

글쎄요, 과연 그럴까요? 도대체 철희는 언제, 어디에서 공부를 한 걸까요? 아니면 경탁이 몰래 밤새 공부를 하는 걸까요?

공부는 꼭 공부방이나 도서관에서 해야만 잘할 수 있는 것은 아니랍니다. 주변의 모든 것이 다 공부의 재료가 될 수 있지요. 만화책이나 만화 영화를 보면서도 몰랐던 것을 배울 수 있고, 견학을 가거나 길을 지나다니면서도 모르는 것들을 배울 수 있지요.

공부는 꼭 책을 들고 앉아서만 하는 것이 아니랍니다. 언제, 어디에서나 할 수 있는 것이지요.

어떤 때에는 인터넷이나 TV를 통해서 새로운 지식들을 더 재미있고 확실하게 알 수 있고, 여러분이 좋아하는 만화책을 통해서도 많은 공부를 할 수 있답니다. 요즈음은 교과서에 나오는 내용이나 역사, 과학 등 여러 분야의 지식을 담고 있는 만화책들도 많이 나와 있지요?

책을 읽기 싫어하는 친구들은 처음에는 만화책을 읽으면서 책을 읽는 습관도 기르고, 새로운 지식을 얻는 것도 좋은 방법이라고 할 수 있어요. 물론 글은 읽지도 않고 그림만 보고 책장을 넘기거나, 공부는 하지 않고 만화책만 읽는다면 아무런 도움도 안 되겠지만 말이에요.

하지만 똑같이 책을 읽더라도 모두가 만물 박사가 될 수 있는 건 아니랍니다. 책에 나와 있는 내용에 대해서 아무런 생각도 하지 않고 읽는 친구들도 있고, '왜 그럴까? 그게 뭘까? 정말 그럴까?' 하는 등의 생각을 하면서 책을 읽는 친구들도 있지요? 어떤 친구들이 만물 박사가 될 수 있을지는 굳이 설명하지 않아도 알 수 있을 거예요.

모든 공부는 관심과 호기심에서 시작된다고 할 수 있어요. 무엇이든지 관심과 호기심을 가지고 알려고 노력하는 것이 만물 박사가 되는 지름길이라고 할 수 있지요.

'난 원래 별로 궁금한 것도 없고, 호기심도 없는걸.' 하고 생각하는 친구가 있나요? 관심과 호기심을 갖는 것도 습관이랍니다.

무엇을 보든 한 번쯤 다시 생각해 보고 '왜?', '정말?' 하고 생각해 보는 습관을 가져보세요. 나도 모르는 사이에 호기심 많은 어린이로 바뀌어 있을 거예요.

결국 만물 박사는 폭넓게 공부하는 친구들의 별명이라고 할 수 있겠죠? 여러분도 만물 박사가 되고 싶다면 책도 많이 읽고, 많은 경험을 하면서 자기의 생각을 키워 가세요.

스스로 터득하거나 경험을 통해서 배운 지식들은 학교나 학원에서 배운 지식보다 훨씬 이해하기도 쉽고, 책상 앞에 앉아서 공부한 내용보다 머릿속에 훨씬 잘 남아 있답니다.

게다가 실제 생활에서 쓸 수 있는 폭도 넓다고 할 수 있어요.

많이 보고, 많이 듣고, 많이 읽고, 많이 물어 보는 것, 잊지 마세요!

집중이냐 공상이냐, 그것이 문제로다!

같은 시간 동안 책상에 앉아 있더라도 그 시간 동안 얼마나 집중했는가 하는 정도에 따라 공부를 잘할 수도 있고, 힘만 들이고 잘하지 못하게 될 수도 있어요.

'아침에 일찍 깨워 주지 않았다고 엄마한테 짜증 내고 왔는데 미안하기도 하고……. 엄마는 지금 뭘 하고 계실까?'

'영숙이는 그림을 잘 그리는데, 난 왜 이렇게 그림을 못 그릴까? 어떻게 하면 나도 그림을 잘 그릴 수 있을까?'

'어휴, 또 딴 생각이야. 공부할 건 산더미처럼 쌓였는데 집중은 안 되고, 도대체 공부가 뭔지…….'

공부 시간에 정신을 집중하려고 해도 머리가 산만해지면서 나도 모르는 사이에 딴 생각에 빠지거나 집중을 하지 못하게 되는 경우가 있지요. 우등생이라고 해서 수업 시간 내내 언제나 정신 집중을 해서 수업에 임할 수는 없는 것이니까요. 누구나 집중이 잘 안 되고 멍해지거나 딴 생각에 빠지는 경우가 있습니다.

하지만 이렇게 공상에 빠져들 때 얼마나 빨리 그 상황에서 벗어날 수 있느냐가 중요한 것이지요.

같은 시간 동안 책상에 앉아 있더라도 그 시간 동안 얼마나 집중했는가 하는 정도에 따라 공부를 잘할 수도 있고, 힘만 들이고 잘하지 못하게 될 수도 있어요. 대부분의 우등생들은 짧은 시간을 공부하더라도 놀라운 집중력을 발휘한답니다.

반가운 소식은 이런 집중력도 개발하면 길러진다는 것이에요. 그러면 **집중력을 기르기 위해서, 먼저 나의 집중을 방해하는 것들이 무엇인지 찾아서 없애 볼까요?**

1단계는 자신이 수업 시간에 공상을 하게 되는 상황을 생각해 보세요. 공상을 하게 되는 상황은 각자 다양할 거예요.

그렇다면 2단계는 뭘까요? 어떤 경우에 공상에 빠지게 되는지를 알아 냈다면 그 다음에는 무슨 생각을 하느라고 공상에 빠졌는지, 공상을 하게 되는 원인을 찾아 내는 거예요.

마지막 3단계는 같은 상황이 되었을 때 앞으로 공상을 하지 않으려면 어떻게 행동을 하면 좋겠는지 미리 생각해 두었다가, 공상에 빠지게 되었을 때 실제로 행동에 옮겨 보는 거예요.

처음에는 어렵겠지만 계속해서 반복하다 보면 공상에서 탈출하는 시간이 점점 빨라지게 될 거예요.

| 학습 집중력 테스트 |

숙제나 공부를 할 때 얼마나 집중을 잘하고 있는지 알아볼까요? 평소에 여러분이 어떻게 공부했는지를 떠올리면서 표시해 보세요.

① 내가 공부하는 과목이 재미있다. (○, ×)
② 책상에 앉자마자 공부를 시작한다. (○, ×)
③ 공부를 시작할 때 공상을 하지 않는다. (○, ×)
④ 공부를 하는 동안 돌아다니지 않는다. (○, ×)
⑤ 공부를 정한 시간에 끝내려고 노력한다. (○, ×)
⑥ 생활 계획표에 따라서 공부한다. (○, ×)
⑦ 잘할 수 있는 과목부터 공부한다. (○, ×)
⑧ 싫어하는 과목도 열심히 공부한다. (○, ×)
⑨ 컴퓨터 게임, TV 때문에 공부를 미루지 않는다. (○, ×)
⑩ 공부할 때에는 고민거리를 생각하지 않는다. (○, ×)

'○'에 표시한 개수를 세어 보세요.

1~5개라면?

학습 집중력이 매우 낮은 편이라고 할 수 있어요. 이런 친구들은 집중을 잘하지 못하기 때문에 공부를 해도 성적이 좋지 않거나 오랜 시간 동안 공부나 숙제를 붙잡고 있었는데도 나중에 보면 별로 한 것이 없는 경우가 많을 거예요. 자, 이렇게 해 볼까요? 공부를 할 때에는 책상 옆에다 '딴 생각 공책'을 하나 마련해 두세요. 딴 생각이 날 때마다 횟수와 함께 무슨 생각을 했는지 써 두는 것이지요. 공부를 하다가 돌아다니거나 다른 것을 했을 때에도 마찬가지로 횟수와 무엇을 했는지를 써 두세요. 그러다 보면 차츰 딴 생각을 하는 습관이 줄어들게 된답니다.

6~10개라면?

학습 집중력이 좋은 편이라고 할 수 있어요. 그런데도 성적이 좋지 않다면 학습 집중력의 문제가 아니라 공부하는 방법을 잘 모르고 있거나 중요한 것이 무엇인지 찾는 방법을 모르고 있기 때문이에요. 숙제를 빨리 하거나 공부를 잘하는 친구들이 어떤 방식으로 공부하는지 알아본 뒤, 그것을 따라해 보는 것도 좋은 방법이 될 수 있어요.

무엇이 문제인지 알고, 그것을 고쳐서 꾸준히 노력한다면 공부를 빨리 끝낼 수 있을 뿐만 아니라 훨씬 재미있게 느낄 수 있을 거예요.

우등생은 99%의 엉덩이로 이루어진다?

우등생이 되기 위해서는 엉덩이가 아플 정도로 앉아서 공부하는 습관이 필요하지요. 그러니까 우등생은 99%의 엉덩이로 이루어진다고 해도 지나친 말이 아니겠지요?

"수연아, 십자수 그만 하고 슈퍼마켓 가서 두부 좀 사 와라."
"엄마, 조금만 더 하고 다녀올게요."
"아니, 조금만 더, 조금만 더 미룬 시간이 얼만데 아직도 조금만이야? 그 정성으로 공부를 좀 해 봐라, 아마 전교 일 등을 하지. 빨리 다녀오지 못해!"
"아이, 진짜로 조금만 더 하면 되는데……."

수연이가 어머니께 꾸중을 들으면서도 손을 놓지 못하고 계속해서 십자수를 한 것처럼 공부를 잘하기 위해서도 끈기 있게 노력하는 정신이 필요합니다. 공부는 말이나 계획만으로 하는 것이 아니라 공부를 해야겠다는 생각을 꾸준히 실천으로 옮기는 것이 중요하지요.

이솝 우화의 '토끼와 거북이의 경주' 이야기를 알고 있을 거예요. 이 내용이 주는 교훈은 거북이처럼 꾸준히 노력하는 자가 경주에 승리할 수 있다는 이야기이지요. 다른 일도 마찬가지겠지만 공부는 거북이처럼 끈기를 가지고 노력해야 합니다. 밤새 공부하고 이틀은 놀고, 다시 밤새 공부하고 다음 날은 노는 공부 방법은 바르지 못한 것입니다.

수연이가 십자수에 정신을 쏟으며 열심인 것과 마찬가지로 처음에는 익숙하지 않겠지만, 의자에 엉덩이를 붙이고 꾸준히 공부하다 보면 새로운 지식을 익히게 됩니다. 그리고 새로운 것을 학습함으로써 얻는 기쁨에 공부가 더 재미있어질 거예요.

"천재는 1%의 영감과 99%의 노력으로 이루어진다."는 말을 알고 있지요? 이 말을 이렇게 한번 바꿔 볼까요?

"우등생은 1%의 머리와 99%의 엉덩이로 이루어진다."

공부는 머리로만 하는 것이 아니랍니다. 꾸준한 노력이 필요하다는 이야기이지요.

엉덩이가 아플 정도로 앉아서 공부하는 습관이 필요하지요. 그러니까 우등생은 99%의 엉덩이로 이루어진다고 해도 지나친 말이 아니겠지요?

'나는 머리가 나빠서 아무리 열심히 해도 안 될 텐데!' 라고 생각하는 친구들이 있나요?

여러분도 잘 알다시피 우리에게 잘 알려진 위인들 중에는

어렸을 적에 보통 사람들이 이해하기 힘들 정도로 엉뚱하고 바보스러웠던 사람들도 있어요. 하지만 끊임없이 노력하고 실천한 결과 훌륭한 업적을 이룬 위인이 되었지요. 위인 역시 타고난 능력으로 만들어지는 것이라기보다는 꾸준한 노력의 땀방울이 모여 만들어지는 것이라고 할 수 있지요.

자, 이제부터 방바닥이나 의자에 엉덩이를 붙이고 앉아 엉덩이로 하는 공부를 시작해 볼까요?

| 노력과 끈기에 관한 속담 |

① **첫술에 배부르랴!**

식사 시간을 한번 떠올려 볼까요? 밥을 한 숟가락 먹자마자 배가 불렀나요? 당연히 그렇지 않았을 거예요. 한 숟가락, 한 숟가락 먹기 시작해서 밥을 다 먹을 때쯤 되어서야 배가 부르다는 느낌이 들었지요? 밥을 먹을 때처럼 어떤 일이든 끈기를 가지고 한 단계, 한 단계 노력해 나가야 이루어진다는 뜻이지요. 그러니까 노력을 하다 말고 성급하게 결과를 바라는 어리석은 어린이가 되어서는 안 되겠지요?

② **가다가 말면 안 가는 것만 못 하다.**

하다가 말고, 가다가 말면 시간이 낭비되고 노력만 허비될 뿐 제대로 얻어지는 게 없답니다. 또 그렇게 자꾸만 포기하는 모습을 보면서 주위 사람들은 나를 끈기 없는 사람으로 보게 되지요. 나중에는 자기도 자신을 믿지 못하게 될 수도 있어요. 그러니까 일을 시작했으면 중간에 포기하지 말고 끝까지 열심히 해야 해요.

여러분은 끈기 있게 노력하는 어린이가 되도록 하세요.

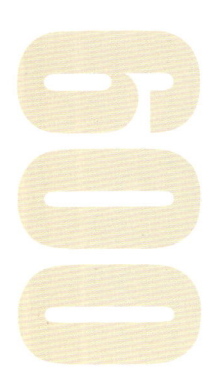

공부 시작하는 데 몇 분 걸렸어?

공부할 마음의 준비가 안 되어 있다면 오히려 책상 앞에서 물러나는 것이 좋은 학습 습관을 갖는 데 도움이 된답니다. 공부를 시작할 수 있는 마음이 되면 그 때 다시 책상으로 가는 것이 좋아요.

"영수야, 넌 매일 TV만 보니? 공부 좀 해라. 누굴 닮아서 저리도 노는 것만 좋아하는지!"

항상 하시는 어머니의 잔소리를 듣고서야 책상에 앉는 친구들이 있지요?

어떤 때는 숙제를 하려고 책상에 앉았는데 무엇부터 해야 할지 갈피를 잡지 못하고, 정신 집중이 되지 않아 거실을 빙빙 돌다 냉장고를 열어 음료수를 꺼내 먹고, TV 리모컨을 만지작거리다 공부해야지 하는 생각에 책상에 다시 앉았다가 또다시 냉장고를 열어 보는 행동을 반복하는 경우가 있을 거예요.

책상에 앉았다고 다 공부하는 것이 아니라는 이야기이지요. 책상에 앉는 것이 중요한 것이 아니라 공부를 시작하는 것이 중요합니다.

공부를 잘하는 친구와 못 하는 친구의 가장 큰 차이점 중 하나가 공부 시작 시간이 다르다는 것이에요. 공부를 잘하는 친구들은 책상 앞에 앉으면 바로 공부를 시작한답니다. 공부를 잘하는 친구들은 공부를 시작하기 전에 쓸데없는 행동들을 하지 않기 때문에 공부 시작 시간이 빠르지요.

하지만 공부를 못 하는 친구들 중에는 공부하겠다고 책상에 앉은 뒤, 곧바로 공부를 시작하지 못하고 괜히 이것저것 만지작거리거나 책상 위의 물건들을 정리하면서 시간을 보내는 경우가 많아요. 또한 공부하겠다고 책상에 앉아서는 책상 정리를 시작으로 책꽂이 정리, 서랍 정리를 하느라 시간과 에너지를 다 써 버리고 결국 공부는 시작도 못 하고 마는 경우도 있지요.

공부할 마음의 준비가 안 되어 있다면 오히려 책상 앞에서 물러나는 것이 좋은 학습 습관을 갖는 데 도움이 된답니다. 공부를 시작할 수 있는 마음이 되면 그 때 다시 책상으로 가는 것이 좋아요. 괜히 엄마에게 잔소리 듣기 싫어서 책상에라도 앉아서 시간을 때우면서 딴 생각을 한다면, 책상에서는 늘 딴 생각을 하는 습관이 들게 되지요.

그럼 어떻게 하면 책상에 앉자마자 바로 공부를 시작할 수 있을까요?

공부를 하는 데 가장 중요한 것 중의 하나는 내가 공부할 내용에 대해 구체적으로 계획을 세우는 것입니다. "오늘은 수학 공부를 좀 해 볼까?" 하는 식의 막연한 계획은 책상에 앉자마자 바로 공부를 시작하게 하는 데 별로 도움이 되지 않습니다.

'수학 교과서 3단원 56쪽부터 58쪽까지와 문제집 55쪽부터 60쪽까지 지금부터 한 시간 이내에 끝내야지.' 하는 식으로 **공부할 시간과 공부할 쪽수까지 자세하게 계획하면 당장 이루어야 할 목표가 생기기 때문에 공부를 시작하는 시간을 당기는 데 도움이 된답니다.**

또 '몇 시까지 하겠다.' 하고 알람을 맞추어 놓고 공부하는 것도 도움이 된다고 해요. 공부 시간이 끝나면 알람이 울리기 때문에 그 시간 동안은 딴짓을 하지 않고 공부에 집중할 수 있지요. 공부할 양을 다 채우면 다시 알람을 맞춰서 다음 공부를 시작하면 되지요. 어때요, 재미있는 방법이지요?

공부할 책들을 책상 위에 순서대로 쌓아 놓고 끝나는 대로 하나씩 내려놓거나 잘 볼 수 있도록 다른 쪽에 쌓아 두는 것도 좋은 방법이랍니다. 내가 공부한 책이 하나씩 쌓여 가는 것을 보면서 '벌써 내

가 이만큼 공부했네.' 하는 생각이 들면서 기분이 좋아지고, 다음 책도 빨리 끝내고 싶은 마음이 들게 되거든요. 이런 마음을 '성취감'이라고 해요.

성취감을 느껴 본 사람은 자꾸 더 큰 목표에 도전하고 싶은 마음이 든답니다. 성취감을 느낄수록 공부를 더 하고 싶은 마음도 생기고, 목표를 이루고 싶다는 마음도 더 커진다는 이야기이지요.

내가 쓴 연습장을 모아 두고 보는 것도 성취감을 느낄 수 있는 좋은 방법입니다. 낱장으로 된 연습장이든 스프링이 달린 연습장이든 버리지 말고 차곡차곡 모아 두세요.

그리고 가끔씩 지금까지 내가 공부한 양을 보면서 '내가 이만큼이나 공부를 했네.' 하는 뿌듯한 마음을 느껴 보세요. 공부하고 싶은 마음이 저절로 생길 거예요.

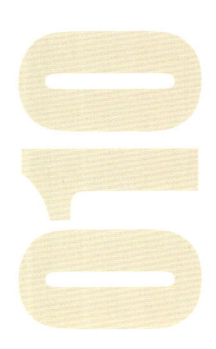

24시간 계획, 24년 계획! 둘 다 필요해

공부를 할 때에는 매일의 계획, 일 주일의 계획, 한 달의 계획과 같이 가까운 계획에서부터 1년의 계획, 10년의 계획, 20년의 계획과 같은 먼 계획을 세우는 것도 필요하답니다.

두근두근, 콩닥콩닥. 무슨 소리냐고요?

사회 시간이었어요. 선생님께서 세계 여러 나라의 산업에 대해 모둠별로 준비한 자료를 요약 정리하여 발표하라고 말씀하셨어요.

우리 모둠에서는 가위바위보를 한 끝에 결국 내가 발표를 하게 됐지 뭐예요. 전 정말 친구들 앞에서 발표하는 게 싫거든요.

'하필 내가 걸릴 게 뭐람…….'

부끄러운 마음에 정리한 것을 아무 생각도 없이 간신히 읽고 들어왔어요. 다음으로 발표를 한 친구는 창희였어요. 창희네가 조사한 나라는 말레이시아였어요.

"말레이시아는 고무와 주석을 주로 생산하여 수출하는 나라였으나 지금은 국가에서 중공업과 IT 산업에도 많은 투자를 하고 있습니다. 말레이시아의 문화 유적지로는……, 저의 꿈은 관광 회사를 운영하는 것입니다. 그래서 세계 여러 나라의 산업뿐만 아니라 사회, 문화, 유적에 대해서도 관심을 가지고 조사를 했습니다."

창희가 발표를 마치자 반 친구들은 환호성을 지르며 격려해 주었어요. 오늘 사회 수업을 마치고 나서 '나는 지금까지 나의 꿈을 이루기 위해서 무엇을 준비하고 있나?' 하는 생각을 해 보았어요.

선생님께서 시험을 본다고 하시면 그때 그때 공부 계획을 세워서 공부를 하긴 했지만, 창희처럼 나의 꿈을 이루기 위해서 어떤 공부가 필요한지, 무엇을 준비해야 하는지에 대해서는 한 번도 알아보거나 생각해 본 적이 없었거든요. 창희가 왜 그렇게 사회 시간만 되면 신이 나서 공부를 했는지 이제야 알겠어요. 그런 창희의 모습이 너무나 부러웠어요.

 공부를 할 때에는 매일의 계획, 일 주일의 계획, 한 달의 계획과 같이 가까운 계획에서부터 1년의 계획, 10년의 계획, 20년의 계획과 같은 먼 계획을 세우는 것도 필요하답니다.
 가까운 계획은 여러분이 그때 그때 열심히 공부할 수 있도록 도와주는 역할을 합니다. 그리고 미래의 꿈을 이루기 위한 먼 계획까지 가지고 있다면 어릴 때부터 한 걸음씩 자기의 꿈에 가까이 다가가게 되겠지요.
 먼 계획을 세우려면 많은 정보를 알아야 해요. 어떤 학교에 진학해야 하는지, 어떤 자격증이 필요한지, 어떤 공부나 준비가 필요한지, 힘든 점은 어떤 것이 있는지 등을 제대로 알아야 계획을 세울 수 있겠지요.

　인터넷을 통해서도 많은 정보를 얻을 수 있고, 부모님이나 선생님께 여쭈어 보는 것도 좋아요. 물론 그 일을 하고 있는 사람을 직접 찾아가 물어 볼 수 있다면 가장 정확하겠지요.

　미래의 꿈을 무엇으로 해야 할지 모르겠다고요? 그렇다면 지금부터라도 나는 어떤 공부나 활동을 할 때 가장 재미있게 느껴지는지 곰곰이 생각해 보세요. 그리고 흥미 있거나 관심 있는 공부를 지금부터 폭넓고 깊게 해 보세요. 그렇게 공부하다 보면 정말 내가 좋아하는 일이 무엇인지 알 수 있게 된답니다.

| 목표를 세울 때 지켜야 할 원칙 |

① '이 정도면 내가 이룰 수 있을 것 같아.' 하는 생각이 드는 실현 가능한 목표를 세워야 해요. 현실적으로 이룰 수 없는 목표는 그냥 꿈일 뿐이지요. 그리고 어떻게 이룰 것인지 방법도 알아봐야겠지요.

② 금방 이룰 수 있는 목표는 잡지 않는 것이 좋아요. 목표를 이루는 데 약간의 어려움이 있어야 그것을 이루어 내고 싶은 도전감도 생기고, 그것을 이루어 냈을 때의 기쁨도 두 배가 된답니다.

③ 내가 정말로 좋아하는 일인지 생각해 보세요. '그냥 멋있으니까, 재미있을 것 같아서, 남들이 좋다고 하니까, 돈을 많이 번다고 하니까……'라는 생각으로 꿈을 정한다면 나중에 바뀌기 쉽답니다.

④ 목표는 지금 할 수 있는 것부터 먼 미래의 것까지 순서대로 정하도록 하세요. 하지만 짧은 기간에 너무 많은 것을 이루겠다는 무리한 목표는 오히려 방해가 된답니다.

⑤ 내가 정한 목표를 다른 사람에게 알리세요. 그러면 주변 사람들이 내가 목표를 이루는 데 알게 모르게 많은 도움을 준답니다. 못 이루면 창피해서 어떻게 하냐고요? 그건 그 때 가서 걱정해도 늦지 않아요.

노는 데에도 계획이 필요하다고?

노는 시간이라고 해서 TV만 시청한다거나, 컴퓨터 게임만 할 것이 아니라 내가 좋아하는 취미 활동을 하면서 스트레스를 풀 수 있다면 더욱 보람 있는 일이겠지요.

학예 발표회가 열리는 날입니다. 친구들이 저마다 그 동안 익힌 재능을 뽐내는 거예요. 바이올린 연주, 리코더 2중주, 연극, 동화 신작 발표, 시 낭송 등을 말이에요.

그런데 민선이는 학예 발표회 시간이 너무나 싫었어요. 반에서 공부를 잘하는 편에 속하는 민선이는 공부에만 신경을 썼지 다른 활동들은 거의 하지 않았거든요. 그런데 민선이와 성적이 비슷한 영희가 학예 발표회 시간에 자기가 쓴 동화를 발표했지 뭐예요. 친구들의 반응도 좋았고요.

민선이는 부러움 반, 호기심 반으로 수업이 끝나고 집으로 돌아갈 때 영희에게 물어 보았지요.

"영희야, 공부할 시간도 없는데 너 언제 동화를 썼니?"

"응, 공부하다가 지루하다 싶으면 썼어. 쉬는 시간을 이용하기도 하고. 아이디어는 등교할 때나 하교할 때 생각했는데 혼자 집에 가게 될 때에도 심심하지 않고 좋더라."

영희는 별것 아니라는 듯이 무덤덤하게 대답하는 거예요.

"나는 다른 취미 활동보다 동화를 쓸 때가 가장 좋아. 정신 집중을 해서 쓰고 나면 스트레스도 풀리고."

그 말을 들으면서 민선이는 '자기가 좋아하는 취미 활동을 시간이 없어서 못 하는 것은 아니구나. 노는 시간도 잘 활용하면 좋겠다.'라는 생각을 했어요.

사실 놀 때에는 공부에 대한 걱정을 떨치고 노는 데 열중하는 것이 좋답니다. 하고 싶은 일을 하지 못하면 아쉬움과 미련이 남아 있어서 다른 일을 하는 데 오히려 방해가 될 때가 많으니까요. 게다가 노는 데 미련이 남아 있으면 공부할 때 집중도 안 되고 딴 생각만 나게 되지요.

한참을 뛰어다니다 보면 지쳐서 더 이상 못 뛰게 되는 것처럼 머리도 어느 정도 집중해서 쓰고 나면 지치게 된답니다. 그러니까 머리를 가끔씩 쉬게 하면서 공부를 하는 것도 좋은 방법이에요. 같은 과목을 오랫동안 공부하기보다는 과목을 바꾸어 가면서 짧게 하는 것도 머리를 덜 지치게 하는 좋은 방법이라고 해요. 물론 사람에 따

라 공부하는 스타일이 조금씩 다르기는 하지만 말이에요.

어린 시절에 친구들과 어울려 제대로 놀지 않은 어린이들은 어른이 되어서도 일에만 매달리고 휴식 시간을 주어도 나름대로 즐겁게 보낼 줄을 모르게 되기도 한답니다. 또한 감정이 메마르거나 친구 관계를 편안하게 맺지 못하게 되지요. 노는 동안에도 책에서 배울 수 없는 것들을 배울 수 있으니 하루 종일 책상에 앉아 있다고 해서 우등생이 되는 건 아니랍니다.

오히려 신나게 놀고 나면 공부에 집중할 수 있고, 공부의 재미를 더 느낄 수 있게 되지요. 물론 노는 시간이라고 해서 TV만 시청한다거나, 컴퓨터 게임만 할 것이 아니라 내가 좋아하는 취미 활동은 무엇이 있을까 생각해 보고, 노는 시간에 그 취미 활동을 하면서 스트레스를 풀 수 있다면 더욱 보람 있는 일이겠지요. 노는 시간도 계획 없이 보내다 보면 의미 없이 휙 지나가 버린답니다.

다음 학예 발표회 시간에는 영희처럼 한 가지 재능을 길러 발표할 수 있도록 노력해 보세요.

계획표에 공부할 양도 넣어야지

평소에도 무엇을, 어느 정도씩, 어떻게 공부할 것인지에 대해 자세한 공부 계획을 세워서 실천해 보세요. 시험이 다가온다고 해도, 중학교에 진학한다고 해도 별로 두려워할 것이 없어진답니다.

벌써 방학이 다가오네요. 선생님께서는 방학이 다가오니까 방학 중 지켜야 할 생활 계획표를 만들어 보라고 말씀하셨어요. 아이들은 방학 중 지켜야 할 생활 계획표를 열심히 만들었어요.

저도 방학 동안 하고 싶은 것들을 쓰고, 하루의 일과표를 만들었지요.

'이번 방학에는 영어 공부, 줄넘기, 독서, 여행, 영화 보기 외에도 내가 하고 싶은 일들을 실컷 해야지. 한 달 동안이나 방에 붙여 놓을 건데 예쁘게 꾸미고……'

'야, 이제 끝났구나. 내가 봐도 예쁘게 꾸며졌어. 이젠 선생님께 검사 맡고 실천하는 일만 남았네.'

이런 생각을 하면서 우리 반에서 제일 공부 잘하는 은정이의 생활 계획표를 바라보았어요.

그런데 은정이의 생활 계획표는 내 생활 계획표와 많이 다른 거예요. 나는 예쁘게 만든 데 비해, 은정이는 연필과 사인펜만 사용해서 수수하게 만들었더라고요. 그리고 그 안에다 빽빽이 무언가를 잔뜩 써 놓았지 뭐예요. 도대체 뭘 저렇게 많이 써 놓은 것인지 궁금해서 들여다봤지요.

은정이의 생활 계획표에는 무엇을, 어느 시간에, 얼마만큼 하겠다는 것까지 자세하게 기록되어 있었어요. 저는 은정이의 생활 계획표를 보고 많은 생각을 하게 되었답니다.

그래요, 생활 계획표를 예쁘게 꾸미는 것도 중요하지요. 이왕이면 예쁘게 꾸민 계획표를 보고 공부를 하면 좋으니까요. 그렇지만 공부를 하기 위한 계획표는 겉모양보다는 내용이 중요하답니다.

막연하게 '이번 방학엔 영어 공부, 줄넘기, 독서, 여행, 영화 보기를 한다.'라고만 계획을 세울 것이 아니라, 구체적으로 만드는 것이 실천하는 데에는 도움이 된다는 것이지요.

앞으로는 시간이 좀 걸리더라도 꼼꼼하게 생각해 보고 생활 계획표를 만들어 보세요. 그리고 방학 때만 형식적으로 만들어 선생님께 검사 받고 집에 걸어 두는 것으로 만족하지 말고, 평소에도 무엇을, 어느 정도씩, 어떻게 공부할 것인지에 대해 자세한 공부 계획을 세워서 실천해 보세요. 시험이 다가온다고 해도, 중학교에 진학한다고 해도 별로 두려워할 것이 없어진답니다.

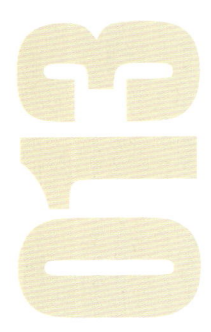

지킬 수 있는 계획이 좋은 계획!

급할수록 '천 리 길도 한 걸음부터' 라는 마음으로, 지킬 수 있는 만큼의 계획을 세우고 꾸준히 실천하는 것이 공부에서 승리하는 길이랍니다.

자, 그럼 이제 여러분도 공부 계획표를 한번 만들어 볼까요?

처음에 공부 계획표를 만들려고 하면 아마도 막막해서 어떻게 해야 될지 고민이 될 거예요.

시계 모양의 동그라미를 그리고 밥 먹기, 공부하기, 학원 가기 등으로 시간만 나누어서 표시하는 시간 계획표는 많이 만들어 보았겠지만, 무엇을 얼마만큼 공부할 것인지까지 넣은 계획표는 아직 한 번도 만들어 보지 않은 친구들도 있을 거예요. 계획표 만드는 것을 모를 때에는 친구들에게 도움을 받고, 그래도 해결이 되지 않으면 부모님이나 선생님의 도움을 받아서 만드는 것도 좋답니다.

그리고 생활 계획표는 만드는 것이 문제가 아니라 실천할 수 있는 내용으로 구성하는 것이 중요하지요.

'이제 공부를 열심히 해야지.' 라는 생각에 생활 계획표에 휴식 시간은 조금 넣고 '공부, 공부, 공부' 로만 짜는 경우가 있어요.

특히 기말 고사나 수학 경시 대회에서 성적이 나쁘게 나오면 '이젠 공부를 열심히 해야겠다.' 라는 생각으로 계획표를 세우는 경우가 종종 있을 거예요. 이런 경우에는 무리하게 계획을 세우게 되지요. '내가 우리 반 회장보다 못난 게 뭐야? 진짜 열심히 해 볼 거야.'라며 마음이 급한 나머지 무리해서 뚱뚱한 계획표를 세우게 되지요.

이렇게 무리하게 계획을 짜면 며칠 동안은 생활 계획표대로 하겠지만 계속해서 지키는 것은 힘들답니다. 그래서 곧 포기하게 되고 말아요. 그렇기 때문에 **지킬 수 있는 만큼의 양이 담겨 있는 계획표가 좋은 계획표라고 할 수 있어요. 그래야 '해냈다!'는 기쁨을 느낄 수 있답니다.**

지킬 수 없는 계획을 세워 놓고 부담만 느끼다 못 지키고 포기하게 되면 실망만 남을 뿐이니까요. 급할수록 '천 리 길도 한 걸음부터'라는 마음으로, 지킬 수 있는 만큼의 계획을 세우고 꾸준히 실천하는 것이 공부에서 승리하는 길이랍니다.

놀라운 기억력, 그 비밀은?

사람들은 비슷한 크기의 기억 창고를 가지고 있는데, 여기에 누가 많이 저장을 하고 누가 많이 꺼내 쓰느냐에 따라 기억력의 차이가 나는 것입니다.

우리 반에는 과학을 아주 잘하는 친구가 있어요. 그 친구는 과학 중에서도 특히 우주 이야기, 공룡, 화석에 대해서는 모르는 것이 없어요. 과학 시간에 발표하는 것을 보면 척척 박사거든요.

"과학 박사 조재근, 나와서 친구들에게 설명해 줘라."

선생님께서 이렇게 말씀하시면 재근이는 과학에 관한 것은 무엇이든 막힘 없이 설명하는 거예요. 너무 부럽더라고요.

오늘도 과학 시간이 끝난 뒤 재근이 옆으로 친구들이 모였어요.

"고생대 화석에 대해서도 알고 있니?"

경민이가 재근이에게 물었어요.

"고생대는 캄브리아기, 오르도비스기, 실루리아기, 데본기, 석탄기 및 페름기의 6기로 나뉘는데, 캄브리아기에는 주로 삼엽충과……."

재근이는 막힘 없이 술술 이야기하는 거예요.

어쩌면 저렇게 어려운 내용을 다 외우고 있을까? 너무나 신기했지요. 나는 고생대의 내용보다는 어떻게 그것을 외우고 있는지가 더 궁금해서 재근이에게 물어 보았어요.

"응, 나는 과학에 관심이 많아서 책을 여러 번 읽어. 아무리 읽고 또 읽어도 재미가 있어서 자꾸만 읽게 됐어. 어떤 책은 스무 번도 더 읽었는걸. 그러다 보니까 책 내용을 거의 외우게 됐어. 그래도 잘 외워지지 않을 때에는 일단 앞 글자만 따서 외우는 경우도 있어. 아까 경민이가 질문한 고생대도 캄, 오, 실, 데, 석, 페 이렇게 앞 글자만 따서 외우고, 자꾸 반복해서 거기에 관한 내용을 읽다 보면 잊어버리지 않게 되거든."

앞 글자만 따서 외운다? 참 재미있는 방법이지요? 아마 지금 책을 읽고 있는 어린이들 중에도 이런 방법을 쓰고 있는 어린이들이 있을 거예요. 이 방법은 순서나 차례를 그대로 외워야 할 때 좋은 기억법이랍니다.

또 서로 관계있는 내용들이라면 굳이 이런 방법을 쓰지 않고 머릿속에 떠오르는 생각들을 이어 가면서 쉽게 기억할 수도 있어요.

여러분 중에는 학교에서 생각 지도(마인드 맵, mind map)를 그려 가면서 공부를 해 본

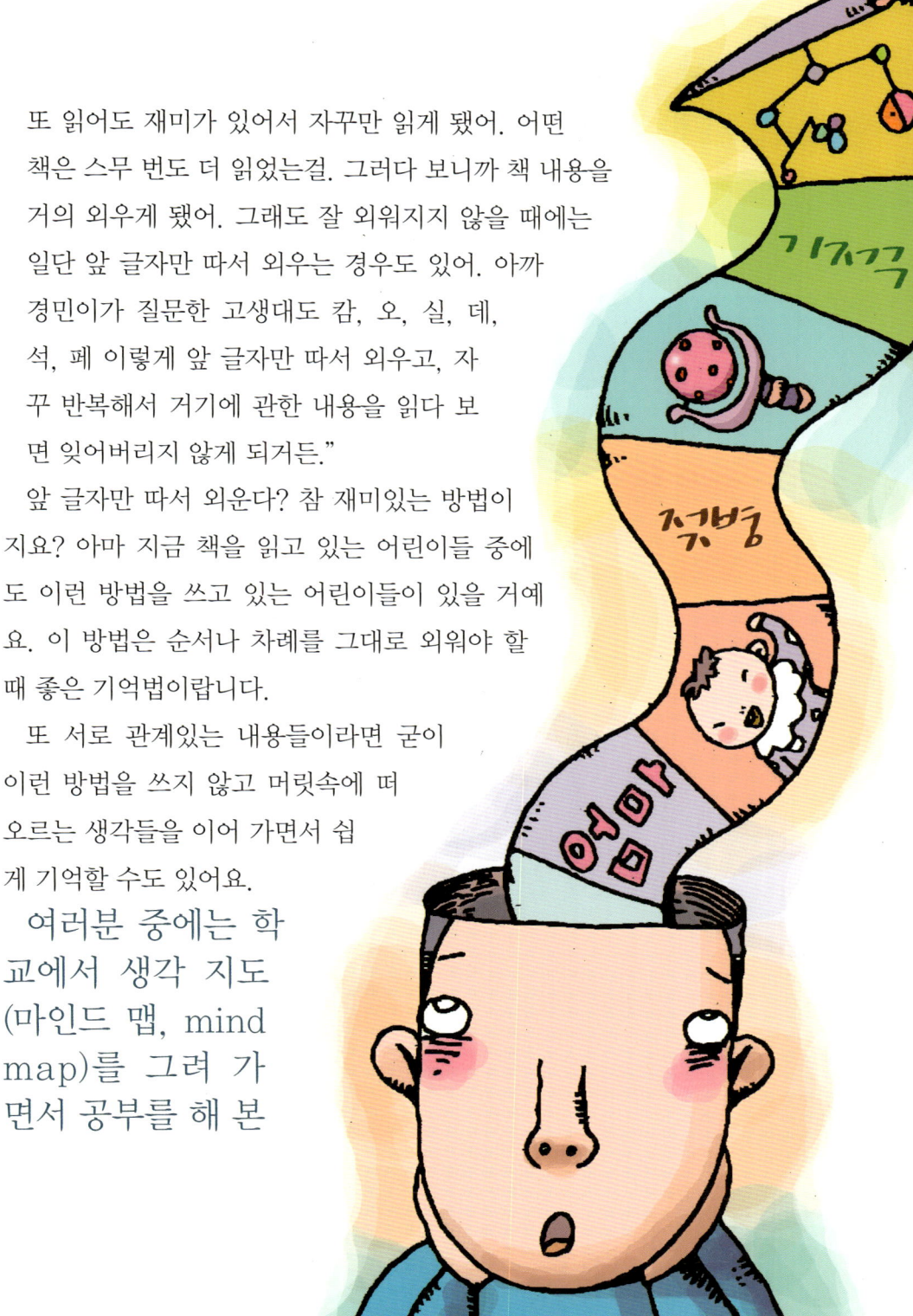

적이 있는 어린이들이 있을 거예요. 생각 지도는 어떤 주제에 대해서 떠오르는 생각들을 꼬리에 꼬리를 연결해서 계속 이어 가며 그림이나 글을 통해 나타내는 방법이지요. 이것은 많은 학습 내용을 정리하거나, 발표할 때, 쉽게 기억이 떠오르게 하는 데 도움이 되는 방법이랍니다.

　우리의 머리는 무엇을 보거나 듣거나 생각할 때, 그것과 관련 있는 다른 것들이 머릿속에 떠오르게 되어 있답니다. 부채꼴을 공부하다가 갑자기 부채꼴 모양의 아이스 크림이 떠오르는 것도 같은 원리라고 할 수 있어요.

　공부를 할 때에도 같은 방식으로 외울 수 있어요. **공부를 하면서 서로 관련이 있는 것들을 연관지어서 기억해 놓으면 나중에 필요할 때 쉽게 기억에서 끌어 낼 수가 있지요. 말하자면 쓰임이 비슷한 물건끼리 모아서 정리해 두면 찾아 쓰기 쉬운 것과 같은 원리라고 할 수 있겠지요.**

　예를 들어, 우리 나라의 자연에 대해 공부를 한다고 해 봅시다. 먼저 우리 나라를 산, 강, 바다, 평야 등으로 나누겠지요. 그러고는 먼저 산에 대해서 조사를 합니다. 지리산, 설악산, 백두산, 한라산 등등……. 그리고 지리산은 국립 공원이라든가 우리 나라에서 세 번째로 높은 산이라든가 하는 내용들이 떠오를 거예요. '그렇다면 제일 높은 산은 뭐지? 두 번째로 높은 산은?' 이런 생각도 떠오를 수가 있겠지요. 물론 사람마다 지리산에 대해서 떠오르는 생각들이

모두 다를 수 있지만 말이에요.

  이런 방식으로 외우거나 생각을 계속해서 훈련시키면 우리의 기억 창고에 기억된 내용을 꺼내 쓸 수 있는 능력이 길러진답니다. 사람들은 비슷한 크기의 기억 창고를 가지고 있는데, 여기에 누가 많이 저장을 하고 누가 많이 꺼내 쓰느냐에 따라 기억력의 차이가 나는 것입니다.

  또 머릿속에 사진으로 찍어 두듯이 기억했다가 그 모습을 떠올리면서 읽고 이해하고 외우는 것도 좋은 방법이에요. 공부를 하다가도 그것과 서로 관계가 있는 다른 과목이나 아는 것의 내용을 한번 떠올려 본 뒤 넘어가면 기억력을 높이고 훈련하는 데 도움이 된답니다.

  하지만 무엇이든 외우기 위해서는 일단 먼저 이해를 하는 것이 중요하지요. 이해되지 않는 내용은 금세 잊혀지기 쉬우니까요.

전에 배웠던 것들을 떠올리며 연관지어 외워 봐!

머리를 쓰는 효과적인 암기법

① 생각의 꼬리를 이어 가며 외워 보세요.

예) 올챙이가 자라서 개구리가 되고…….

➡ 그런데 개구리 올챙이 시절을 생각 못 한다는 말이 있지.

어려웠던 시절을 생각 못 하고 잘난 척하는 사람을 비유한 속담이지.

➡ 그런데 왜 어려웠던 시절을 기억 못 하는 걸 하필 개구리와 올챙이에 비유했을까, 다른 동물들도 많은데?

혹시 올챙이는 다리가 없어서 물에서만 생활하는데 개구리가 되면 다리가 나와 물과 땅에서 다 생활할 수 있기 때문에 그렇게 비유한 말이 아닐까?

➡ 그러니까 개구리를 양서류라고 하지.

동물은 양서류 외에도 파충류, 포유류, 조류 등으로 나누어지고.

➡ 그러면 파충류에는…….

② 순서나 차례 등을 외울 땐 앞 글자만 따서 외워 보세요.

순서가 중요한 것이 아닐 때에는 글자의 순서를 바꾸어서 연결해도 괜찮고요. 또 의미있고 재미있는 글을 만들어서 외우는 것도 아주 좋은 방법이랍니다. 예를 들면, 신라 왕이 바뀌어 간 순서를 외울 때에는 다음과 같이 해 봅시다.

예) 거서간 차차웅 이사금 마립간

➡ 거인이 차를 타다 이마를 부딪쳐 마구 화를 냈다.

그리고 조선 시대 왕이 바뀌어 간 순서를 외울 때에는 다음과 같이 해 봅시다.

예) 태조➡정종➡태종➡세종➡문종➡단종➡세조…….

➡ 태➡정➡태➡세➡문➡단➡세…….

③ **어려운 것은 쉬운 말로 바꾸어서 외우세요.**

잘 모르는 어려운 말은 열심히 외워도 머릿속에 오래 남아 있지 않는답니다.

④ **머릿속으로 그림을 그려 가면서 상상하며 외워 보세요.**

그림을 떠올려서 외울 때와 그냥 외울 때를 비교하면서 외워 보세요. 어때요? 어느 쪽이 기억을 더 오래 하고, 기억한 내용을 꺼내기 쉬울까요?

015 머리가 좋아지는 방법이 있다고?

공부는 거짓말을 하지 않는다고 합니다. 자기가 노력한 만큼 결과를 얻는다는 말이지요. 머리도 자꾸만 쓰다 보면 능력이 좋아진답니다.

"재신이는 머리가 좋은가 봐. 공부를 열심히 하는 것 같지도 않은데 어떻게 항상 1등을 하는지 몰라. 타고난 머리가 좋아서일 거야."
우와, 이야기만 들어도 재신이가 정말 부럽지요?
우리 주위에는 책벌레처럼 꾸준히 공부를 하지 않는 것 같은데도 공부를 잘하는 친구들이 있지요? 이런 친구들을 보면 정말 선천적으로 머리가 좋아서 공부를 잘하는 것이 아닐까 하는 생각이 들 거예요.
하지만 이런 친구들은 효율적인 공부 방법으로 공부를 하기 때문에 짧은 시간 안에 많은 양의 공부를 해낼 수 있는 거예요.

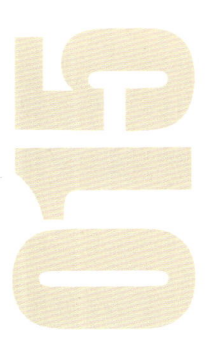

난 너처럼 공부하지 않아!

58

타고난 머리가 아무리 좋아도 잘못된 방법으로 공부를 하거나 열심히 하지 않는다면 좋은 성적을 얻기는 어려운 걸요.

그리고 친구들이 보는 앞에서는 그다지 열심히 하는 것 같지 않지만 남몰래 열심히 노력해서 공부를 잘하는 친구들도 많이 있고요. 재신이도 학교에서는 잘 놀지만 집에서는 밤늦게까지 공부하는지도 모르지요.

어쨌든 우리는 부모님이 만들어 주신 대로 태어났으니 유전적으로 타고난 것에 대해서는 이야기할 필요가 없고, 어떻게 하면 머리를 개발시켜서 좋아지게 할 수 있을까에 대해서만 알아보자고요.

'머리가 좋아지려면 어떻게 해야 할까요?'

여러분은 머리가 좋아질 수 있는 방법이 있다면 무슨 일이라도 하겠다고 할 거예요. 그런데 머리가 좋아지는 방법이 무엇인지에 대한 정답은 여러분의 그 말 속에 있어요.

그 '무슨 일'을 하면 된다는 이야기이지요. 공부는 거짓말을 하지 않는다고 합니다. 자기가 노력한 만큼 결과를 얻는다는 말이지요. 머리도 자꾸만 쓰다 보면 능력이 좋아진답니다.

운동을 할 때에도, 노래를 부를 때에도 잘하기 위해서 연습에 연습을 거듭하다 보면 실력이 좋아져서 다른 노래도 잘 부르게 되고, 다른 운동도 잘할 수 있게 되는 것처럼 머리도 훈련을 시키면 좋아진답니다.

그렇다면 어떻게 훈련을 해야 하는 걸까요?

머리가 좋아지려면 항상 '왜 그럴까?', '왜 그렇게 되었을까?', '정말 그런 걸까?' 하고 생각하는 훈련을 하는 것이 도움이 된답니다. 그리고 내가 생각한 것이 맞는지 찾아보고, 알아보려는 노력도 함께 해 주어야 하지요.

'하지만 무엇을 봐도 별로 궁금한 생각도 안 들고, 그런 걸 뭐 하러 생각하나? 그냥 원래부터 그런 거지, 뭐.' 하는 생각이 든다고요?

　생각하고 탐구하는 습관은 처음부터 생기는 것이 아니랍니다. 처음에는 생각이 자꾸 끊기거나, 아예 궁금하다는 생각조차 들지 않을 수도 있지요. 하지만 '이것이 머리가 좋아지는 방법이라는데…….' 하고 억지로라도 자꾸 생각하는 연습을 꾸준히 해 보세요.

　그리고 추리 소설 읽기, 퍼즐 맞추기, 조립식 장난감 만들기 같은 활동도 해 보세요. 생각하는 습관을 기르는 데 도움이 된답니다. 또한 이해하지 못하는 문제가 있을 때에는 그냥 넘기지 말고 이해가 될 때까지 다시 생각해 보고 또 생각해 보세요. 그러다 보면 그 문제뿐만 아니라 다른 것에 대해서도 잘 알게 되고, 점점 기초 실력과 응용력이 쌓이게 된답니다.

　이렇게 계속하다 보면 아는 것도 많아지고, 오랜 시간이 지나면 나도 모르는 사이에 공부를 잘할 수 있다는 자신감을 느끼게 될 거예요. 그러면 친구들은 이렇게 말하겠지요.

　"쟤는 참 머리가 좋아."

　나의 머리를 좋게 만드느냐, 나쁘게 그냥 두느냐는 나의 의지와 노력에 달려 있답니다.

배우고 나서 9시간이 지나면 잊어버린대!

학교에서 수업이 끝나고 나면 쉬는 시간에 단 몇 분 동안만이라도 배운 내용을 정리하는 습관을 갖도록 하세요. 이렇게 하면 그 시간에 배운 내용을 장기 기억으로 이동시켜 오래 기억할 수 있답니다.

"성욱아, 나가서 놀자."
"잠깐만, 조금만 더 보고."
성욱이가 무슨 재미있는 만화책이라도 보고 있는 걸까요?
만화책이 아니라 전 시간에 배운 내용을 보고 있는 거랍니다.
"야, 너는 수업 시간에 발표도 잘하고, 배운 것도 잘 알고 있다고 선생님께 칭찬까지 받았는데 공부할 게 또 남았냐? 대단하다, 대단해."
"응, TV에서 봤는데 배운 내용을 이해했더라도 시간이 지나기 전에 다시 한 번 확인해서 공부를 해 두면 기억이 오래 간대. 나중에 더 많은 시간을 들여서 외우지 않아도 쉽게 기억할 수 있다는 거야."
"뭐라고? 금방 공부한 걸 또 공부해야 된다고?"
우리의 머릿속에는 정보를 저장하는 장소가 있답니다. 이 저장소는 눈, 코, 입 등을 통해서 느낀 감각을 일시적으로 저장하는 곳과 머릿속에 들어온 정보를 잠깐 동안 기억하는 곳(단기 기억), 그리고 정보를 오랫동안 기억하는 곳(장기 기억)으로 이루어져 있어요.
단기 기억에는 5~9개의 정보가 20~30초 동안 저장되었다가 없

어진답니다. 하지만 장기 기억에는 무한한 정보를 영구적으로 저장할 수 있어요.

우리들이 공부한 내용들은 처음에는 단기 기억에 저장된답니다. 그러니까 단기 기억에서 장기 기억으로 옮겨 주지 않으면 배운 내용이 잠깐 동안은 머릿속에 남아 있지만 곧 사라져 버린다는 것이지요. 단기 기억을 장기 기억으로 바꾸려면 잊어버리기 전에 다시 한 번 머릿속에 입력해야 해요. 잊어버리기 전에 바로 복습하고 다시 떠올려야 한다는 말이지요.

대부분의 사람들은 공부한 지 1시간이 지나면 배운 내용의 절반을 잊어버린다고 해요. 그러니까 반대로 생각하면 1~2시간 안에 다시 한 번 반복하면 배운 것을 잊어버리지 않을 수 있다는 말이지요.

여러분의 하루 생활은 어떤가요? 아침에 일어나면 부리나케 학교에 가지요. 학교에서 열심히 공부하고 공부가 끝나면 집에 와서 학원에 가겠지요. 그러고는 학습지를 풀거나 숙제를 하고 잠자리에 들 거예요. 바쁘게 열심히 공부를 하고 있지요. 그렇지만 짬짬이 배운 것을 복습하지 않으면 2~3일이 지나면 공부한 내용들은 모두 머릿속에서 사라진답니다.

학교에서 수업이 끝나고 나면 쉬는 시간에 단 몇 분 동안만이라도 배운 내용을 정리하는 습관을 갖도록 하세요. 이렇게 하면 그 시간에 배운 내용을 장기 기억으로 이동시켜 오래 기억할 수 있답니다. 자투리 시간을 잘 활용하는 것도 공부 전략 중의 하나라고 앞에서 이야기했지요?

책을 펴서 보기가 어렵다면 머릿속으로 배운 내용을 차례로 떠올려 보는 것도 복습과 비슷한 효과가 있어요.

| 언제 외우는 것이 좋을까요? |

① 중요한 것은 공부를 시작할 때와 끝날 때 외우세요.
공부 시간 중에도 첫 부분과 끝 부분에 배운 내용이 더 오랫동안 기억되거든요.

② 외운 것은 9시간이 지나기 전에는 꼭 복습하세요.
외우고 나서 9시간이 지나면 대부분의 내용을, 가장 많이 잊어버리니까요.

③ 잠자기 전 20~30분을 잘 이용하세요!
이 때에는 기억력이 평소보다 몇 배나 더 좋답니다.

반복하는 데 당할 자 누구냐?

지금까지 내가 게을러서 공부를 잘하지 못한 것이라면 열심히 노력하는 것이 가장 좋은 방법이지요. 자꾸자꾸 생각하고 갈고 닦으면 여러분의 실력은 몰라보게 쑥쑥 늘어 갈 거예요.

타임 머신을 타고 초등학교 1학년 교실로 시간 여행을 떠나 볼까요?

"자, 이번 시간은 쓰기 시간이에요. 모두 바둑 공책 꺼내서 선생님이 칠판에 쓰는 글씨와 똑같이 따라서 10번씩 쓰세요."

선생님께서 어린이들에게 말씀하셨어요. 그러고는 '토끼', '포도', '하마' 라고 칠판에 쓰셨지요.

1학년 어린이들은 조용히 앉아서 열심히 쓰기 시작합니다. 네모 칸에 맞춰서 예쁘게 쓰느라고 지우고 또 쓰고 모두들 열심이네요.

'아니, 저렇게 쉬운 걸 왜 10번씩이나 쓰라고 하시나? 게다가 숙제로 10번씩이나 더 써 오라고? 선생님도 참 너무하시네.'

6학년쯤 된 친구들은 아마 이런 생각을 하고 있을지도 모르겠네요. 이런 친구들을 두고 하는 속담이 있지요? 바로 '개구리 올챙이 적 생각 못 한다.' 라는 속담이지요.

여러분도 1학년 때에는 다 이런 방식으로 공부했답니다. 똑같은 것을 계속해야 하니까 싫증도 나고 귀찮을 때도 많았겠지만 그 때 지겨워도 참고 열심히 쓰고 또 썼던 친구들은 지금쯤 한석봉 할아버지가 부럽지 않은 멋진 글씨체를 자랑하고 있을 거예요.

축구 선수들은 발의 어느 부분으로 차야 공이 원하는 방향으로 날아가는지 감각으로 익히게 됩니다. 그렇게 되면 공을 찰 때마다 굳이 '이 부분으로 차야지.' 하고 생각하지 않고도 감각으로 공을 차서 자기가 원하는 방향으로 공이 날아가게 할 수 있지요. 하지만 이 정도가 되려면 아마 발이 성치 않을 만큼 차고 또 차면서 연습을 했을 거예요.

아무리 좋은 요령을 알고 있더라도 열심히 노력하지 않고 누워서 나무에 있는 열매가 떨어지기만을 기다리면 무슨 소용이 있겠어요? 무엇이든지 자꾸 개발하고, 생각하며 꾸준히 노력하지 않으면 녹이 슬게 마련이니까요. 사람의 재능이나 머리도 마찬가지랍니다.

만약 지금까지 내가 게을러서 공부를 잘하지 못한 것이라면 열심히 노력하는 것이 가장 좋은 방법이지요. 자꾸자꾸 생각하고 갈고 닦으면 여러분의 실력은 몰라보게 쑥쑥 늘어 갈 거예요.

초등학교 1학년 때나 6학년 때나 중·고등 학교에 갔을 때나 관계없이 공부는 이렇게 반복해서 해야 하는 과정이랍니다. '한두 번 공부했으니 이젠 다 알겠지.' 하고 그만두지 말고 싫증나고 귀찮아도 반복하는 습관을 길러 보세요. 초등학교 때 배운 내용은 평생 동안 기억될 테니까요.

입과 손도 써서 외워라!

손과 입을 사용하세요. 눈으로만 외우는 것보다는 입으로 소리를 내고 손을 쓰면서 외우면 세 배나 잘 외워진답니다.

'석진이 녀석은 어제 종일 팽팽 놀았는데도 시험을 잘 보고 난 이 모양이니, 난 머리가 나쁜 게 틀림없어.'

준호는 아무리 생각해도 너무 속이 상해서 이불을 뒤집어쓰고 누워 버렸어요. 여러분도 그렇게 생각하세요? 그렇다면 어떤 사람이 머리가 좋은 사람일까요?

세계적인 심리 학자인 가드너 박사님은 사람의 지능은 한 가지가 아니라 여러 가지로 이루어져 있다는 이론을 냈답니다. 말하자면 사람에게는 언어를 잘 다루는 지능, 수를 잘 다루는 지능, 만들기를 잘하는 지능, 음악을 잘하는 지능, 사람들과의 관계를 잘 맺는 지능, 자기의 마음을 잘 들여다보는 지능과 같은 것들이 모두 있다는 것이지요.

그러니까 잘 외우지 못하는 것이 머리가 나쁘기 때문이라고는 할 수 없겠지요? 도대체 그럼 왜 그렇게 안 외워지는 걸까요?

그건 외우는 요령을 모르고 무턱대고 외우거나 집중을 하지 않은 상태에서 외우기 때문이라고 할 수 있어요.

어떻게 하면 잘 외울 수 있는지 요령을 한번 알아볼까요?

입과 손을 쓰는 효과적인 암기법

① 외운 것을 가족이나 친구에게 말해 주거나 가르쳐 주세요.

남에게 한 번 가르쳐 준 것은 혼자 다섯 번을 외운 것만큼 기억이 잘 난답니다.

② 손과 입을 사용하세요.

눈으로만 외우는 것보다는 입으로 소리를 내고 손을 쓰면서 외우면 세 배나 잘 외워진답니다.

③ 외워야 할 내용을 좋아하는 노래의 곡에 가사를 붙여 노래로 불러 보세요. 잘 외워질 거예요.

여러분도 잘 알고 있는 노래가 있죠?

아름다운 이 땅에 금수강산에 단군 할아버지가 터 잡으시고
홍익 인간 뜻으로 나라 세우니~
고구려 세운 동명왕, 백제 온조왕, 알에서 나온 혁거세
만주 벌판 달려라 광개토 대왕, 신라 장군 이사부~

④ 그림이나 만화, 표로 만들어서 외우세요.

글만 보고 외울 때보다 두 배나 더 잘 외울 수 있답니다. 하지만 너무 많은 내용을 그림으로 표현하면 내용이 겹쳐져서 헷갈릴 수도 있으니 조심하세요.

공부도 나에게 맞는 스타일이 있다

어떤 방식으로 하는 것이 공부가 잘 되는지는 사람마다 다르다고 해요. 마치 사람마다 좋아하고 즐겨 먹는 음식이 다른 것처럼 말이죠.

"선아야, 너는 언제 공부하니? 난 저녁에는 졸려서 공부가 잘 안 돼. 할 수 없이 새벽에 일어나서 공부하거든."

"그래? 어떻게 새벽에 일어나서 공부를 하니? 나는 졸려도 밤에 공부해. 새벽에는 도저히 일어날 수 없어."

친구들마다 공부하는 시간이 다를 거예요. 어떤 친구는 저녁에 공부를 해야 효과적이고, 어떤 친구는 새벽에 공부를 해야 머릿속에 쏙쏙 들어오기 때문이지요.

친구들마다 공부하는 시간이 다르듯이 공부하는 방법도 사람들마다 다르기 때문에 무턱대고 공부 잘하는 친구를 따라서 하기보다는 나에게 맞는 스타일을 찾아 하는 것이 바람직하답니다.

예를 들어 우리 나라의 농업에 대해 공부를 한다고 하면, 어떤 친구는 '김포 평야는 한강 줄기에 자리잡고 있고, 김포 평야에서 나오는 쌀은 생산량이…….' 라고 김포 평야에 관련된 내용을 먼저 완전히 이해한 뒤, 다음 단원인 김해 평야에 대해 공부를 하는 반면에, 또 어떤 친구는 우리 나라의 평야에는 '김포 평야, 김해 평야, 나주 평야, 호남 평야, 논산 평야 등이 있어. 그러면 김포 평야부터 공부를 시작해야지.' 하고 전체적인 것을 먼저 이해하고 세부적인 것을 공부하는 방식에 익숙한 친구도 있답니다.

　어떤 친구들은 누구를 계속 가르치는 것처럼 혼자서 중얼중얼 떠들면서 공부하면 공부가 잘 된다고 해요. 그리고 무언가를 계속 먹거나 씹으면서 해야 공부가 잘 되는 친구들도 있지요. 또 왔다갔다 걸어다니면서 외워야 잘 외워진다는 친구들도 있어요.

　음악을 들으면서 해야 공부가 더 잘 되는 친구, 인터넷으로 공부하면 훨씬 잘 된다는 친구, 연습장에 계속 쓰면서 공부해야 잘 된다는 친구, 색 펜으로 밑줄을 그으면서 해야 공부가 잘 된다는 친구 등등······.

　그렇다면 도대체 이 많은 것들 중 어떤 방법이 좋은 걸까요?

어떤 방식으로 하는 것이 공부가 잘 되는지는 사람마다 다르다고 해요. 마치 사람마다 좋아하고 즐겨 먹는 음식이 다른 것처럼 말이죠. 좋아하는 음식은 어머니께서 "먹어라, 좀 먹어 보렴." 하고 말씀하시지 않아도 스스로 먹게 되는 것처럼 내가 좋아하고 나에게 맞는 방식으로 공부를 하다 보면 부모님께서 잔소리를 하시기도 전에 여러분이 먼저 공부를 시작하게 될 거예요.

지금까지 내가 어떤 방법으로 공부했을 때 가장 공부가 잘 되고 효과적이었는지 떠올려 보세요. 그 방법을 찾아 냈다면 앞으로는 그 방법으로 계속 공부해 보는 것이 좋겠지요.

아직 어떤 방법이 나에게 제일 잘 맞는 방법인지 모르겠다고요?

그렇다면 다음에 나와 있는 방법들을 써서 공부해 가면서 나에게 맞는 공부 스타일을 찾아보세요. 지금까지 많은 교육학자들이 "이렇게 공부하는 것이 좋은 습관입니다."라고 말씀하신 내용들이랍니다.

| 공부 잘하는 친구들이 많이 사용하는 방법 |

① 새로운 내용을 배울 때에는 그것과 관계가 있는 상황을 머릿속으로 상상하면서 공부한다.
② 공부하는 내용을 보다 쉽게 이해하기 위해서 내가 알기 쉽게 풀이한 말로 바꾸어 익힌다.
③ 지금 배우고 있는 것을 이미 알고 있는 것과 어떤 관계가 있는지 찾아 가면서 공부한다.
④ 지금 공부하고 있는 것을 생활과 경험에 비추어서 이해하려고 한다.
⑤ 선생님께서 말씀하실 때 무엇이 중요하고 무엇이 덜 중요한지 구별하면서 듣는다.
⑥ 공부할 때 책에 번호를 붙이거나 줄을 치는 등 특별한 나만의 방식을 사용한다.
⑦ 공부 시간에 써 놓은 것이 맞는지, 혹시 빼 먹은 것이 있는지 확인하기 위하여 다른 친구의 공책과 비교해 본다.
⑧ 시험에 나올 만한 문제들을 생각해 보고 스스로 답을 해 본다.
⑨ 책을 읽다가 중간에 잠깐씩 멈추어 그 내용이 무엇이었는지를 머릿속으로 정리해 본다.
⑩ 하나씩 자세히 공부하기 전에 우선 공부할 내용의 전체적인 큰 줄기를 대충 훑어 본다.

공부가 즐거운 놀이라고?

공부도 취미 생활이 되려면 똑같은 과정을 거쳐야 한답니다. 조급한 마음을 갖지 말고 기초 원리부터 차근차근 이해하면서 공부하는 거예요.

"혜선아, 넌 공부가 지겹지도 않니? 매일 책상에 앉아서 뭐가 그렇게 재미있다고 책을 보고 있니?"

"난 공부하는 것이 재미있어. 책을 읽다 보면 모르는 것을 알게 되고, 사람들이 어떻게 이런 내용들을 모아서 책으로 만들었는지 참 신기하거든. 난 놀이 기구를 탈 때나 컴퓨터 게임을 할 때보다 공부할 때가 마음도 편하고 더 재미있어."

"뭐라고? 공부가 놀이 기구 타는 것보다 더 재미있다고? 설마 농담이겠지?"

책벌레라는 별명이 붙은 친구들은 운동이나 놀이보다도 책 읽는 시간이 제일 즐겁다고 합니다. 하지만 책벌레 친구들도 태어날 때부터 책 읽는 것에 흥미를 가지고 있었던 건 아닐 거예요. 어렸을 때 부모님께서 책을 읽어 주셨거나, 형이나 누나가 책 읽는 것을 따라서 하다가 책벌레가 되었겠지요.

맨 처음 공부에 재미를 붙일 때까지가 힘들지, 한번 공부에 흥미를 붙이고 나면 이보다 더 재미있는 놀이는 없을 거예요.

어떻게 하면 공부에 재미를 붙일 수 있을까요?

여러분은 수영을 할 줄 아나요?

처음에 수영을 배울 때에는 물도 여러 번 먹게 되고, 힘도 들고, 야단도 맞으면서 배우게 되지요. 도무지 수영을 해서 뭐가 즐거워질 수 있을까 하는 생각마저 들고, 그만두고 싶은 생각도 들 거예요. 하지만 매일 한 시간씩 수영장에 가서 연습을 하다 보면 어느덧 수영 실력이 조금씩 늘게 되지요. 그러면 "내 취미는 수영이야."라고 말할 수 있는 단계까지 가게 되지요.

공부도 취미 생활이 되려면 똑같은 과정을 거쳐야 한답니다. 조급한 마음을 갖지 말고 기초 원리부터 차근차근 이해하면서 공부하는 거예요. 이렇게 시간을 가지고 차근차근 공부하다 보면 실력이 쌓이고 공부가 재미있어질 거예요.

공부도 다른 어떤 놀이보다 재미있는 취미나 놀이가 될 수 있답니다. 그리고 실제로 옛날 사람들은 취미 생활로 공부를 했다고 해요.

이번 추석이나 설날에 친척들이 모여 집 안이 복잡하고 시끄러워도 공부라는 놀이 기구를 가지고 혼자 재미있게 놀아 보세요. 그러면 친척 어른들이 한 말씀 하실 걸요.

"얘들아, 우리 집에 책벌레 나왔다. 너희들도 좀 보고 배워라."

어때요, 생각만 해도 기분이 좋지요?

싫어하는 과목도 내 편으로

좋아하는 과목은 자꾸만 더 공부하고 싶으니까 계속 열심히 하게 되고, 그러다 보면 자연히 성적이 오르게 되지요. 그러면 그 과목이 더 좋아지고요.

"수성, 금성, 지구, 화성, 목성, 토성, 천왕성, 해왕성과 같이 태양의 주위를 도는 것을 행성이라고 해요."

선생님께서는 계속해서 태양 주위를 도는 행성에 대해 설명을 하십니다.

"스스로 빛을 내는 태양은 항성이고, 지구의 주위를 도는 달은 위성이라고 합니다."

도대체 무슨 말씀을 하시는 건지 전혀 이해가 안 되는 거예요. 다른 과목 성적은 그래도 좋은 편인데, 과학 성적은 바닥을 헤매고 있으니……. 저는 정말 과학 시간만 되면 머리가 아프고 공부도 하기 싫어서 다른 생각을 하면서 시간을 보내기 일쑤였어요.

그런 저를 보면서 과학을 좋아하는 정은이가 이러는 거예요.

"수정아, 넌 다른 공부는 잘하면서 과학 시간만 되면 그렇게 정신을 못 차리니? 네가 과학을 싫어하니까 성적이 나쁜 거야. 그리고 성적이 나쁘니까 과학을 더 싫어하게 되는 거지."

정은이의 이야기를 들으면서 맞는 말이라는 생각이 들었어요.

"과학 과목을 좋아해 봐. 성적이 올라갈 테니까. 그러다 보면 과학이 재미있어질걸."

그렇습니다. 좋아하는 과목은 자꾸만 더 공부하고 싶으니까 계속 열심히 하게 되고, 그러다 보면 자연히 성적이 오르게 되지요. 그러면 그 과목이 더 좋아지고요. 반대로 공부를 못 하는 과목이라고 싫어하다 보면 성적은 계속 떨어지게 되지요. 그리고 성적이 떨어지다 보면 더 공부하기가 싫어지고, 그러면 성적은 더 떨어지게 되는 거죠.

일단 싫어하는 과목은 쉬운 단원부터 차근차근 공부해 보도록 하세요. 금방 성적이 향상되지는 않겠지만 꾸준히 노력하다 보면 조금씩 성적이 좋아질 테니까요. 성적이 오르다 보면 싫어하던 과목이 좋아지고, 그 과목을 좋아하다 보면 성적은 더욱더 오르겠지요. 이렇게 되면 싫어하던 과목도 좋아하는 마음이 생겨난답니다.

건강한 어린이가 되려면 음식을 골고루 먹어야 되는 것처럼 공부를 잘하려면 싫어하는 과목까지 골고루 공부해야 한답니다. **공부를 할 때 싫어하는 과목부터 공부해 보는 것도 하나의 좋은 방법이 될 수 있어요.** '싫어하는 과목을 다 하고 나면 내가 좋아하는 공부를 해야지.' 라는 생각을 가지면 싫어하는 과목을 공부할 때 하기 싫은 마음을 조금은 달랠 수 있을 거예요.

어때요, 싫어하던 과목도 이제는 따돌리지 않고 공부할 마음의 준비가 되었나요?

지금부터는 어떤 과목을 가장 좋아하고 어떤 과목을 가장 싫어하는지 알아볼까요? 흥미가 높은 과목도 열심히 해야겠지만 앞으로는 흥미가 없는 과목도 좀 사랑해 주세요.

나의 학습 흥미

국어 흥미

① 주인공이 어떻게 될까 상상하며 이야기를 읽는 것이 재미있다.

② 작가가 되어 독자가 좋아하는 글을 쓰고 싶다.

③ 소리나 모양을 흉내내는 말을 넣어 실감나게 말하는 것이 재미있다.

수학 흥미

① 자연수의 덧셈, 뺄셈, 곱셈, 나눗셈 계산이 재미있다.

② 도형의 길이, 무게, 넓이, 부피에 관한 공부가 재미있다.

③ 수의 규칙을 찾아 문제를 푸는 것이 재미있다.

사회 흥미

① 옛날 국가들이 생겨나고 발전해 온 이야기를 듣고 있으면 지루한 줄 모른다.

② 우리 나라의 자연 환경에 대해 알아보는 것이 재미있다.

③ 여러 가지 책을 찾아 조사 학습하는 것을 좋아한다.

과학 흥미

① 실험 장치를 꾸며서 실험하는 활동에 참여하고 싶다.

② 여러 동물의 생김새와 생활 모습을 관찰하는 것이 재미있다.

③ 태양과 달이 어떻게 변화하는지 관찰하는 것이 재미있다.

체육 흥미

① 달리기 시간이 기다려진다.

② 철봉에서 운동을 하면 시간 가는 줄 모른다.

③ 피구나 발야구를 하면 시간 가는 줄 모른다.

음악 흥미

① 친구들과 함께 노래 부르는 것을 좋아한다.

② 악기 연주 시간이 즐겁다.

③ 음악에 맞추어 몸을 움직이면서 음악 감상하기를 좋아한다.

미술 흥미
① 그림 그리기를 좋아한다.
② 만들기를 하다 보면 점점 빠져든다.
③ 미술 시간에 만든 물건을 집에서도 즐겨 사용하는 편이다.

실과 흥미
① 집안일을 돕는 것이 즐겁다.
② 음식 만들기가 재미있다.
③ 톱이나 망치 등을 써서 직접 물건을 만들어 보고 싶다.

영어 흥미
① 영어 챈트나 노래 부르기 시간이 기다려진다.
② 영어 대화를 듣고 무슨 뜻인지 알아듣는 것이 즐겁다.
③ 영어 단어를 하나하나 외워 가는 것이 신난다.

★ 심리 검사 기관인 '한국 가이던스'의 「초등학생 학습 흥미 검사(조붕환·임경희 저)」의 내용 일부를 뽑아서 실었습니다.

매일매일 만나야 더 친해지지

공부와 친구가 되다 보면 좋은 점도 많아요. 혼자 있을 때에도 함께 지낼 수 있는 친구가 되어 주고, 선생님과 부모님께 공부를 잘한다고 칭찬도 받게 되지요.

"미영아, 우리 인라인 스케이트 타자!"
"오케이! 옷 갈아입고 금방 나갈게."
"미영아, 우린 단짝인 것 같아. 매일 만나도 이렇게 좋으니."
"그래, 우리 우정 영원히 변치 말자."

미영이와 수경이는 다른 친구들과 함께 인라인 스케이트를 타고 놀다 집으로 왔어요. 아무리 생각해 봐도 수경이는 미영이와 놀 때가 가장 즐거워요. 매일매일 만나도 너무 좋거든요.

친한 친구는 매일 만나서 놀거나 이야기를 나누게 되지요. 매일 만나다 보니 할 말도 많아지고 더욱 신나고 즐거워요. 그러다 보면 우정도 더 돈독해지게 되지요.

어쩌다 한번 집에 귀한 손님이 오시면 집 안 청소를 하느라 부산하지요? 그리고 여러분도 얌전하게 있느라 힘들었던 경험이 있을 거예요. 하지만 매일 보는 동네 어른들이 오실 때에는 인사도 훨씬 편하게 하고, 부산을 떨면서 청소를 하지 않고도 편하게 손님을 맞이하지요.

공부도 어쩌다 날을 잡아서 한번 하다 보면 낯설고, 집중을 시작하는 데에도 오랜 시간이 걸립니다. 그렇기 때문에 매일매일 공부하는 것이 중요하답니다. 조금씩이라도 매일 공부를 하면 습관이 되어서 전혀 불편하지 않게 느껴지고, 공부하는 것이 당연한 것처럼 느껴지게 되지요. 그러면 바로 공부를 시작하고, 집중해서 하는 것도 어렵지 않은 일이 된답니다.

공부와 친구가 되다 보면 좋은 점도 많아요. 혼자 있을 때에도 함께 지낼 수 있는 친구가 되어 주고, 선생님과 부모님께 공부를 잘한다고 칭찬도 받게 되지요.

하루라도 책을 읽지 않으면 입 안에 가시가 돋힌다

책을 많이 읽으면 이해력도 높아지고, 아는 것도 많아져요. 글을 논리적으로 쓰는 능력도 길러지고, 생각하는 힘도 생긴답니다. 그러니 공부를 잘하게 되는 건 당연한 일이겠지요?

오늘은 정말 학교에 가기 싫은 날입니다. 바로 논설문 쓰기 대회가 열리는 날이거든요.

저는 논설문 A형 문제를 받았는데, 역시 어떻게 해야 할지 어렵더라고요. 두 시간 동안 머리를 짜냈는데도 겨우 앞면 한 쪽밖에 써내지 못했답니다.

집에 와서 엄마를 붙잡고 하소연을 시작했어요.

"엄마, 엄마는 왜 누나만 글짓기를 잘하게 낳아 주신 거예요? 오늘 논설문 쓰기 대회를 했는데 한 쪽도 제대로 못 썼단 말이에요. 창피해서 내일부터 어떻게 학교에 가요."

옆에 있던 누나가 얄밉게 이야기합니다.

"그러게 나처럼 평소에 책 좀 읽어라. 나처럼 하루라도 책을 안 읽으면 입 안에 가시가 돋힐 정도로 말이야!"

"뭐? 입 안에 가시가 돋힌다고?"

"그래, 그 정도로 평소에 책을 많이 읽으면 아는 것도 많아지고, 그래서 글을 논리적이고도 쉽게 쓸 수 있다, 이거야. 그리고 공부를 할 때에도 이해력이 높아져서 시험도 잘 보게 되지."

"피, 잘난 척하기는." 하고 대꾸하면서도, 저도 앞으로는 평소에 책을 많이 읽어야겠다는 생각이 들었어요. 저는 사실 책하고 별로 친하지 않았거든요.

그래요, 정말 미애 말처럼 책을 많이 읽으면 이해력도 높아지고, 아는 것도 많아져요. 글을 논리적으로 쓰는 능력도 길러지고, 생각하는 힘도 생긴답니다. 그러니 공부를 잘하게 되는 건 당연한 일이겠지요?

하지만 무턱대고 책을 많이 읽는다고 좋은 것은 아니랍니다. 어떻게 읽는 것이 효과적인지 알고 책을 읽는다면 효과가 두 배도 넘지요. 책을 어떻게 읽는 것이 효과적이냐고요?

책을 읽을 때에는 처음부터 자세히 읽지 말고 여러 번 읽는 것이 좋답니다. 먼저 책의 제목과 글의 순서, 작은 제목들을 훑어 보면서 머릿속에 전체적으로 큰 틀을 잡고, 그 다음에 세세한 내용들을 채워 넣는 것이 좋은 방법이라고 할 수 있어요.

이렇게 책을 읽는 습관을 가지면 책의 내용을 더 빨리, 더 정확하게 이해하는 데 도움이 되지요. 물론 시험 공부를 할 때에도 큰 도움이 되겠지요.

효과적인 독서법

여러 학자들과 선생님들이 강력히 추천하는 '책의 내용을 잘 이해하는 효과적인 독서법'을 소개하겠습니다.

① 먼저 대강 훑어보기

책을 읽기 전에 먼저 큰 제목, 그림 등을 대충 훑어 보면서 책의 내용이 무엇일까 짐작해 보는 단계이지요. 중요한 내용이 무엇인지를 가장 빨리 알아 낼 수 있는 방법은 제목을 보는 것이랍니다. 책의 제목과 목차에 들어 있는 작은 제목들을 먼저 읽고 나서 책의 처음 부분부터 마지막 부분까지 대충 훑어 보면서 내용을 미리 짐작해 보세요.

② 질문해 보기

책의 작은 제목들을 보면서 관련된 내용에 대해 마음 속으로 질문해 보는 단계입니다. 만약 책의 내용이 우리 나라의 역사에 대한 것이라면 '옛날 우리 나라에는 무슨 일들이 있었더라?', '중요한 문화재가 뭐였지?' 등과 같이 관계 있는 질문을 떠올려 보는 거예요. 이렇게 하면 알고 있는 지식을 끌어 낼 수 있고, 내용을 정리하거나 시험에 나올 문제를 뽑는 연습도 된답니다.

③ 처음 읽기

이제 본격적으로 처음부터 끝까지 차분하게 책을 읽어 나가는 단계입니다. 글을 읽다가 모르는 말이 나오면 분명하게 표시해 두세요. 우선은 앞뒤 문맥을 읽으면서 그 뜻을 파악해 보는 것이 좋아요. 글을 읽으면서 앞에서 생각했던 질문에 간단히 답해 보는 것도 잊지 마세요.

④ 자세히 다시 읽기

지금까지 읽은 내용을 요약해서 정리해 보는 단계이지요. 요약을 할 때에는 제목을 중심으로 중요한 내용이 무엇인지 찾아 정리해 보세요. 마지막으로 처음에 내가 몰랐던 질문의 답을 찾았는지 확인해 보세요.

⑤ 복습하기

지금까지 읽은 내용을 살펴보고 전체 내용을 정리한 다음, 어려웠던 부분을 다시 공부하는 단계랍니다. 내용을 잊어버리지 않으려면 부모님이나 친구 등 다른 사람에게 이야기해 주거나 마음 속으로 정리하는 것이 좋아요. 물론 내 생각을 글로 써 보면 더 좋지요.

※ 그리고 마지막으로 과목에 따라 공부하는 방법이나 속도를 달리하세요. 책을 읽을 때 내용의 어려운 정도나 중요한 정도에 따라 읽는 속도를 달리하는 것이 좋아요. 책에 나오는 표, 그래프, 그림도 빼놓지 않고 보며, 머릿속으로 정리해 보세요.

선생님과 눈싸움 한 판을!

수업 시간에 선생님이 하시는 말씀 속에는 시험에 나오는 문제가 무엇인지, 어떤 것을 외워야 하고, 어떤 것은 그냥 읽어 보기만 해도 되는지에 관한 모든 비밀이 다 들어 있답니다.

"지금부터 이름을 부를 텐데, 어떤 행동을 한 친구들인지 맞춰 보세요."

선생님께서 아침 조회 시간에 들어오시자마자 이렇게 말씀을 하시는 거예요. 무슨 이유로 아이들의 이름을 부르시는 것일까?

청소를 하지 않고 도망간 친구, 아니면 복도에서 뛴 친구를 부르시려나? 누구의 이름을 부르시려나? 혹시 나도 무슨 잘못을 해서 불리는 건 아닐까?

아이들은 저마다 여러 가지 생각들을 하면서 선생님을 뚫어지게 바라보거나 반대로 눈길을 피합니다.

"김경희, 장경애, 임진석, 채은실, 이대한, 일어서도록 해요."

아이들은 자리에서 일어난 친구들을 바라보았어요. 모두 우리 반에서 공부를 잘하는 모범생들이었어요.

'어? 그런데 경애는 공부를 잘하지 않는데……'

선생님의 말씀이 이어졌어요.

"우리 반에서 공부 시간에 수업 태도가 좋은 학생들이에요. 수업 태도가 좋다 보니 이번 수학 경시 대회에서도 좋은 성적을 받았고요. 특히, 경애는 성적이 중간 정도였는데 이번에 상을 받게 됐어요. 수업 시간에 열심히 공부하는 것이 가장 중요하기 때문에 이렇게 강조해서 다시 이야기를 하는 거예요. 여러분도 앞으로 공부 시간에 더욱 정신을 집중해서 공부하도록 해요."

선생님의 말씀을 듣고 곰곰이 생각해 보니 요즘 경애의 수업 태도가 좋아져 수업 시간에 종종 칭찬 받던 일들이 떠올랐어요.

집에서 예습과 복습을 하는 것도 매우 중요하지만 무엇보다도 중요한 것은 수업 시간에 정신을 집중하는 것이랍니다.

선생님들은 여러분을 가르치기 위해 학습 내용을 연구하는 전문가입니다. 그렇기 때문에 수업 시간에 선생님께서 하시는 말씀을 놓치지 않고 잘 듣는 것과 친구들과 그것에 대해 토론하거나 함께 활동하는 모든 것들이 하나도 빠뜨릴 것 없이 중요한 공부 방법이 되는 것이지요.

세상에 가장 미련한 공부 방법 중의 하나는 공부 시간에는 선생님 말씀을 안 듣고 딴전을 부리면서 집에 와서야 뭐가 중요하고, 시험에 나온다는 문제인지 몰라서 혼자 끙끙거리며 시간을 낭비하는 것이랍니다.

　수업 시간에 선생님이 하시는 말씀 속에는 시험에 나오는 문제가 무엇인지, 어떤 것을 외워야 하고, 어떤 것은 그냥 읽어 보기만 해도 되는지에 관한 모든 비밀이 다 들어 있답니다.

　앞으로는 수업 시간에 선생님께서 말씀하실 때 선생님을 바라보면서 귀를 기울여 집중 또 집중해서 공부하세요. 그러다 보면 나도 모르게 우등생이 되어 있을 겁니다.

| 학습 집중력을 높이는 방법 |

① 공부할 때에는 누가 말을 걸어도 참견하지 않는다.
② 장소나 시간을 정해 놓고 공부한다.
③ 책상 위에는 책, 공책, 필기 도구 등 공부에 관계되는 것만 둔다.
④ 공부할 분량을 미리 정하고 공부를 시작한다.
⑤ 공부하는 것과 쉬는 것을 확실히 구별해서 한다.
⑥ 매일 한두 과목씩 집중적으로 공부한다.
⑦ 엎드리거나 드러눕지 말고 비교적 바른 자세로 공부한다.
⑧ 공부를 하다가 TV나 라디오 때문에 공부를 그만두지 않는다.

'어? 여기 있는 말들은 전부 내 얘기잖아.'라고 생각하는 친구들이라면 짧은 시간 동안만 공부를 해도 아주 좋은 결과를 얻을 수 있을 거예요.

왜냐고요? 이런 친구들은 집중력이 좋아서 조금만 시간을 들여도 아주 많은 양을 공부할 수 있고, 기억도 잘할 수 있으니까요.

부럽지요? 여러분도 그렇게 될 수 있답니다. 집중력도 연습과 훈련을 하면 길러지는 것이니까요.

공부하는 시간은 많은 것 같은데 성적이 좋지 않아서 고민이라면 여러분의 학습 집중력을 점검해 보세요. 학습 집중력이 낮으면 오랜 시간 공부를 해도 효율이 떨어져 힘만 들고 결과는 좋지 않을 수가 있으니까요.

먼저 예습하고 잘난 척하는 거야

예습을 하고 나서 수업 시간에 공부를 하면 수업 시간이 바로 복습 시간이 되기 때문에 오래 기억되고 쉽게 잊어버리지 않는답니다.

경수와 민철이는 단짝 친구이면서도 서로 라이벌 의식을 느끼고 있는 친구들이지요.

그런데 민철이는 고민이 생겼어요. 경수는 수업 시간에 선생님께서 질문을 하시면 거의 한 번도 빠짐없이 자신 있게 잘 대답하는 거예요. 도대체 이유가 뭘까? 민철이는 고민 끝에 경수에게 그 비밀이 무엇인지 물어보기로 했어요.

"경수야, 넌 어떻게 공부 시간에 선생님께서 물어 보시는 것마다 그렇게 척척 대답을 잘하냐? 비결이 뭐야?"

경수는 별걸 다 묻는다는 듯이 시큰둥하게 대답했어요.

"응, 별다른 비결은 없어. 그냥 다음 날 배울 내용을 미리 한번 읽어 보고 모르는 것이 있으면 참고서를 찾아서 그 내용을 이해하려고 노력해. 그래도 모르는 것이 있으면 수업 시간에 선생님 말씀을 집중해서 듣고 선생님께 여쭈어 보기도 하고."

경수의 이야기를 듣고 민철이는 예습보다는 학교 다녀와서 그 날 배운 내용을 복습하는 위주로 공부하는 자기의 공부 방법에 대해 생각해 보게 되었어요.

'예습을 하는 경수의 공부 방법이 복습 위주로 공부하는 민철이

의 방법보다 좋은 걸까요?

경수도 맞고 민철이도 맞다고 할 수 있어요. 예습과 복습이 둘 다 모두 중요하다는 이야기이지요. 그런데 **복습이든 예습이든 둘 중 하나를 선택해야 한다면 예습을 하는 것이 공부하는 데 좀더 도움이 된다고 할 수 있어요.**

예습을 충실히 하다 보면 수업 시간에 배울 내용을 미리 공부했기 때문에 선생님께서 설명하실 때 이해가 잘 되고 수업에 흥미를 가지고 자신 있게 참여하게 되지요.

아무리 선생님께서 차근차근 잘 가르쳐 주셔도 예습을 하지 않고 들으면 그 때는 알 것 같은데 금방 잊어버리게 되지만 예습을 하고 나서 수업 시간에 공부를 하면 수업 시간이 바로 복습 시간이 되기 때문에 오래 기억되고 쉽게 잊어버리지 않는답니다. 예습할 때 이해가 잘 안 되고 몰랐던 것을 수업 시간에 완전히 이해하게 되니까 수업이 끝나고 나서 복습은 2~3분 동안만 해도 충분하지요.

예습하고, 공부 시간에 배우고, 다시 복습을 하면 벌써 세 번이나 반복해서 공부를 하는 셈이 되잖아요. 공부를 못 할래야 못 할 수가 없게 되겠지요?

앞으로는 내일 공부할 내용을 먼저 예습한 다음에 공부 시간을 기다려 보세요. 예습을 안 했을 때와 어떻게 다른지 한번 느껴 보세요.

'날마다 졸리고 지루하던 공부 시간이 왜 이렇게 짧지?' 하는 생각이 들걸요. 물론 경수처럼 선생님께도 인정 받고 다른 친구들의 부러움까지 한 몸에 받게 될 테고 말이에요.

| 과목별 예습 방법 |

국어

① 다음에 배울 곳은 반드시 읽고 이해가 되지 않는 부분은 표시해 두세요.

② 중요한 단어, 어구, 한자 등은 사전을 찾아보고 의미를 파악해 보세요.

③ 글의 구성, 주제, 요점, 표현기법, 감상 등을 노트에 적어 두세요.

영어

① 다음에 배울 내용을 3회 정도 읽어 가세요.

② 모르는 단어나 구문은 사전에서 찾아 적고 그 의미를 이해해 보세요.

수학

① 다음에 배울 단원의 핵심 유형 문제를 풀어 보세요.

② 개념과 원리를 정확하게 이해하도록 하세요.

③ 기호와 정의를 외워 두세요.

과학

① 교과서를 읽으며 다음 수업에서 배우게 될 것을 알아두세요.

② 새로운 용어나 개념들에 대해서 그 의미를 파악해 보세요.

③ 미리 배운 내용 중 연관 되는 내용을 찾아 읽어 보세요.

사회

① 교과서를 읽으며 전체적인 흐름을 파악해 보세요.

② 중요한 사건이 일어난 이유와 결과를 정리해 보세요.

③ 수업을 듣기 전, 단원의 요점을 정리해 보세요.

뭐가 그렇게 궁금한 게 많은지

질문을 하면 친구들이 "그런 것도 몰라?" 하고 놀릴까 봐 못 물어 보겠다고요? 하지만 모르는 부분이 있을 때에는 솔직하게 모른다고 말을 해야 해요. 공부란 모르는 것을 알아 가는 과정인걸요.

뒤에 앉은 은화 때문에 친구 수미는 고생이 많답니다. 수업 시간이나 쉬는 시간에 수미의 등을 얼마나 쿡쿡 찔러 대는지 모릅니다.

"수미야, 수업 시간에 선생님께서 만유 인력에 대해 설명하셨는데, 자세하게 설명 좀 해 주라."

"수미야, 책을 읽다 보니까 고려 광종 때 노비안검법을 만들어 많은 노비를 풀어 주었다고 했는데, 왜 그런 법을 실시했을까?"

정말 짜증 나는 일이 아닐 수 없지만, 그런 은화를 보면서 수미는 '저러니까 우리 반에서 공부를 제일 잘하는구나.'라는 생각이 듭니다. 은화는 공부를 잘하면서도 궁금한 것이 나오면 수미에게 계속 질문을 하거든요. 그러다가 수미가 대답을 못 해 주면 선생님께 달려가서 여쭈어 보고 그 내용을 알게 되면 수미에게 와서 설명해 주곤 하지요.

질문을 하면 친구들이 "그런 것도 몰라?" 하고 놀릴까 봐 못 물어 보겠다고요?

하지만 모르는 부분이 있을 때에는 솔직하게 모른다고 말을 해야 해요. 공부란 모르는 것을 알아 가는 과정인걸요.

공부를 하다 보면 모르는 문제가 나오는 것이 당연하지요. 이렇게 모르는 문제가 나올 때 그 문제를 이해하지 않고 넘어가면 다음 문제를 해결할 때 어려움을 당한답니다. 모르는 문제가 나오면 곰곰이 고민해 보고, 그래도 모르겠으면 질문해서 해결하는 것이 중요해요.

그렇다고 아무 질문이나 하라는 말은 아니에요. 책이나 사전을 찾아보면 금방 알 수 있는 것들은 스스로 알아보고 그래도 이해가 안 될 때에는 선생님께 질문을 해야겠지요.

앞으로는 여러분도 의문이 많은 친구, 질문을 많이 하는 친구들이 되자고요.

어려운 문제가 나오면 통과? NO!

힘든 과정을 소화해 낸 학생들은 다음의 단계도 극복할 수 있는 힘이 생긴답니다. 힘든 과정을 극복했을 때의 기쁨은 에베레스트 정상에 오른 산악인의 기쁨과도 같을 거예요.

수학 시간에 선생님께서 기본 문제와 보충 문제를 풀어 주시고, 숙제로 심화 문제 10개를 내 주셨어요. 집에 와서 문제를 푸는데 난이도가 높아서인지 1번 문제부터 풀리지 않는 거예요. 이렇게 생각해 보고, 저렇게도 생각해 보았는데 도저히 풀리지 않는 거예요.

어머니께서 저녁밥을 차려 놓은 지 오래됐는데 식사하러 오지 않는다고 꾸중하시는 말씀을 듣고서야 밥상에 앉았지만 밥맛이 없어서 조금 먹는 척하다 다시 책상에 앉았지요. 그런데도 정신 집중은 안 되고 잡념만 들어 '좀 쉬었다 풀어야겠다.' 라는 생각을 하고 컴퓨터 앞에 막 앉았어요. 그런데 그 때 아버지께서 들어오시는 거예요.

아버지께서 들어오시자 제 마음에 갈등이 생겼어요.

'이 어려운 수학 문제 푸는 것을 포기하고 재미있는 컴퓨터 게임을 할까? 아니면 아버지께 문제 푸는 방법을 여쭈어 볼까?'

고민 끝에 아버지께 문제 푸는 방법을 가르쳐 달라고 부탁드렸어요.

아버지께서도 "야, 이번 문제는 참 어렵구나."라고 말씀하시며 한참 고민을 하시더니 문제를 풀어 주시는 거예요. 아버지께서 문제를 해결하시는 방법을 옆에서 지켜보니까 나도 문제를 풀 수 있을 것 같았어요.

"아버지, 잠깐만요. 이젠 제가 풀어 볼게요."

1번 문제를 해결하고 나니까 2번 문제부터는 쉽게 풀 수 있었어요. 같은 유형의 문제였기 때문에 별로 어렵지 않더라고요.

오늘 그렇게 문제를 풀고 나니까 기분이 좋았어요. 어려운 문제를 해결했다는 뿌듯한 마음과 끈기 있게 공부했다는 아버지의 칭찬과 함께 보너스로 용돈도 받았으니까요.

풀리지 않는 문제가 나왔을 때 그냥 지나치지 마세요. 생각해 보고 또다시 생각해 보세요. 혼자서 열심히 끙끙 고민을 하면서 풀었던 문제는 시간이 많이 지나고 난 다

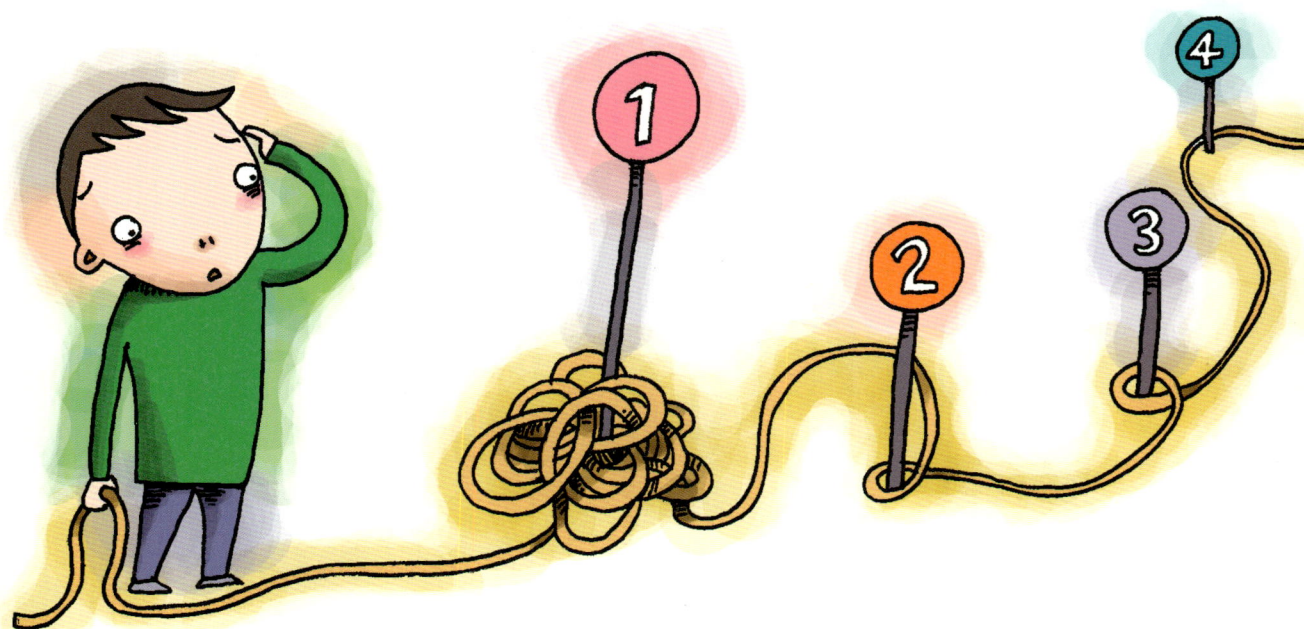

음에도 기억 속에 확실하게 남아 있답니다. 노력한 만큼 보람이 있는 거지요.

그런데 아무리 생각해 봐도 어려워서 도무지 풀 수 없다면 부모님이나 선생님께 여쭈어 보아야 해요. 그리고 나서는 풀지 못했던 것과 비슷한 문제들을 여러 번 반복해서 풀어 보는 것이 도움이 된답니다. 그래야 다음에 나왔을 때에도 잊어버리지 않고 잘 해결할 수 있거든요.

어려운 문제를 풀어 보려는 노력도 하지 않고 그냥 넘기는 버릇이 들면 생각하는 힘이나 능력이 더 이상 길러지지 않는답니다. 결국

항상 그 수준에만 머물러 있게 되는 거죠. 그렇게 하면 학년이 올라갈수록 공부를 포기하게 되는 경우가 많아요. 학년이 올라갈수록 공부의 내용이 어려워지게 마련이니까요.

공부하다 보면 해결하기 어려운 문제들이 종종 있습니다. 하지만 이 때 포기한다면 앞으로의 발전은 기대하기 힘들겠지요.

피아노를 연주하는 학생들의 경우도 마찬가지입니다. 연주 실력이 한참 향상되다가 더 이상 진척이 없는 채 정체되는 경우가 있거든요.

이 때 포기를 하는 학생은 훌륭한 연주가가 되는 꿈을 접게 될 거예요. 하지만 어려운 중에서도 끈기 있게 도전하여 그 단계를 극복하는 학생은 훌륭한 피아니스트가 되겠지요.

또한 힘든 과정을 소화해 낸 학생들은 다음의 단계도 극복할 수 있는 힘이 생긴답니다. 힘든 과정을 극복했을 때의 기쁨은 에베레스트 정상에 오른 산악인의 기쁨과도 같을 거예요.

어렵다고 포기하면 우등생의 길은 멀어집니다. 용기를 내어 다시 한 번 도전해 보자고요. 우등생이 되는 지름길은 끝까지 포기하지 않는 태도를 갖는 것임을 명심하세요.

시험 잘 보는 요령이 있다는데?

분명히 알고 있는 것인데도 시험 치는 요령이 부족하거나 실수로 틀리면 너무나 속상하지요? 시험을 잘 보려면 시험을 잘 보는 방법과 요령도 어느 정도는 알고 있어야 한답니다.

공부를 많이 하지 않았는데도 시험을 잘 보는 친구들이 있다면 그 친구는 일단, 기초 실력이 있는 친구들입니다. 기초 실력이 있기 때문에 공부를 많이 하지 않아도 시험에서 좋은 성적을 얻을 수가 있지요.

그렇기 때문에 평소에 공부하는 것이 중요하답니다. 시험 기간이 되어서야 이 세상에 시험 공부하는 사람이 자기밖에 없는 것처럼 소문 내면서 시험 준비를 하는 것은 효과가 적다는 이야기겠지요. 시험 기간에만 공부하는 것보다 평소에 꾸준히 기초 실력을 쌓아 두는 것이 중요해요.

그리고 내가 평소에 사용했던 공부 방법이 효과가 없었다면 공부하는 방식을 바꾸어 보는 것도 좋은 방법이 되겠지요.

그리고 또다른 이유는 똑같이 공부를 했더라도 시험 보는 요령이 친구들과 다르다든지 그만의 비법이 있기 때문이지요.

분명히 알고 있는 것인데도 시험 치는 요령이 부족하거나 실수로 틀리면 너무나 속상하지요? 시험을 잘 보려면 시험을 잘 보는 방법과 요령도 어느 정도는 알고 있어야 한답니다.

요즘에는 학교에서 전교생이 다 함께 치르는 큰 시험들은 없어졌지만, 담임 선생님에 따라서 그때 그때 재량껏 치르는 여러 가지 시험이나 경시 대회는 여전히 있잖아요. 그러다가 중학교에 올라가면 갑자기 모든 과목을 시험 보기 때문에 시험 보는 방법이나 요령을 알고 있으면 많은 도움이 된답니다.

| 시험 볼 때 제 실력을 제대로 발휘하는 요령 |

① 시험지를 받으면 어떤 문제들이 나왔는지 먼저 한번 훑어 보고 시험 시간을 적절히 나누어야 합니다. 문제를 훑어 보면서 배점이 높은 문제가 있으면 그 문제에 시간을 더 많이 들여야겠지요?

② 시험을 볼 때에는 시계를 보면서 문제를 푸세요. 한 문제에 매달려서 너무 많은 시간을 보내다가 뒤에 있는 문제를 풀지도 못하고 시험지를 내야 하는 경우가 생기면 속상하잖아요.

③ 만약 모르는 문제가 나오면 잘 보이는 색으로 표시해 두었다가 나중에 시간이 남았을 때 다시 풀도록 하고 다른 문제로 넘어가세요. 모르는 문제에 대한 힌트를 다른 문제나 보기에서 찾는 경우도 있답니다.

④ 특히 쉬운 문제를 틀리지 않도록 조심해야 해요. "에이, 쉽네. 아는 거잖아!" 하고 덤벙거리다가는 틀리기가 쉬워요. 쉽다고 생각되는 문제도 다시 한 번 확인하는 것이 정말 중요하답니다.

⑤ 문제는 반드시 끝까지 읽어야 한다는 것 잊지 마세요. 특히 맞는 것을 고르라는 것인지, 틀린 것을 고르라는 것인지, 또 답을 한 개만 쓰라는 것인지 여러 개를 써야 하는 것인지 잘 보고 써야 한답니다.

⑥ 끝으로 시험 문제를 다 풀었으면 실수한 것은 없는지도 확인해 보세요. 문제를 끝까지 읽지 않고 급하게 답을 쓰다가 실수하는 경우도 많으니까요. 특히 내가 문제를 잘 안 읽어서 실수하는 일이 많다면, 문제의 중요한 부분에 줄을 치면서 읽는 것도 좋은 방법이랍니다.

시험아, 덤벼랏!

누구나 시험 볼 생각을 하면 떨리고 불안한 마음이 들게 되지요. 하지만 시험에 대한 불안한 마음이 너무 커서 공부도 하기 싫어지고, 집중도 전혀 안 된다면 공부하는 데 오히려 방해가 되겠지요?

오늘은 엄마가 운전면허 시험을 보러 가시는 날이에요.
"엄마, 오늘 운전면허 시험 보는 날이지요? 엄마, 파이팅!"
"그래, 고맙다. 그런데 왜 이렇게 떨리냐? 큰일났네."
"엄마는, 내가 시험 볼 때 떨린다니까 그까짓 게 왜 떨리냐고 하셨으면서……."

누구나 시험 볼 생각을 하면 떨리고 불안한 마음이 들게 되지요. 그건 공부를 잘하는 사람이나 못 하는 사람이나 어른이나 아이나 모두 마찬가지예요. 하지만 시험에 대한 불안한 마음이 너무 커서 공부도 하기 싫어지고, 집중도 전혀 안 된다면 공부하는 데 오히려 방해가 되겠지요?

시험을 본다는 생각을 하면 제일 먼저 어떤 장면이 떠오르나요? 선생님께서 시험지를 나눠 주시는 장면, 아니면 시험지를 받아서 첫 번째 문제를 읽는 장면인가요?

어떤 상황을 떠올렸을 때 가장 불안하고 떨리는지 한 번 상상해 보세요.

그러고 나서 큰 숨을 내쉬거나 딴 생각을 해서 마음을 가라앉히는 거예요. 다시 또 불안한 장면을 떠올려 보고 마음을 차분하게 가라

앉히는 연습을 계속해 보면 도움이 된답니다.

시험이 시작되기 전에는 심호흡을 여러 번 해서 긴장을 풀고, '시험이 전부는 아니야. 내가 얼마나 알고 있는지 알아보는 것뿐이야.' 라고 스스로에게 말해 주세요. 시험을 꼭 잘 봐야 된다는 생각 때문에 반대로 시험을 망치게 된다면 정말로 어리석은 일이겠지요?

그리고 무엇보다도 벼락치기 대신 시험 공부를 미리미리 해 둔다면 훨씬 도움이 될 거예요.

'시험아, 덤벼랏! 내가 간다.'

이런 마음으로 시험을 준비한다면 아마 시험이 기다려질 걸요.

| 시험 불안 체크 리스트 |

여러분은 시험에 대해서 어느 정도 불안감을 느끼고 있나요?
여러분이 평소 시험을 볼 때 느꼈던 것을 떠올리면서 답해 보세요.

① 시험 때가 되면 입맛이 없고 신경이 날카로워진다.
② 알고 있는 것도 시험지를 받고 나면 생각이 안 날 때가 많다.
③ 시험 공부를 아무리 많이 해도 시험 시간만 되면 초조해진다.
④ 시험을 보는 동안에도 가슴이 두근거리고 입 안이 마른다.
⑤ 시험 날짜가 다가오면 불안해서 제대로 공부하기가 어렵다.
⑥ 시험이 다가오면 형편없는 성적을 받은 내 모습이 자꾸 떠오른다.
⑦ 시험 볼 시간이 되면 항상 화장실에 가고 싶다.
⑧ 한 문제라도 답을 쓰지 못하면 다음 문제도 제대로 풀기가 어렵다.
⑨ 시험이 없는 세상에서 살고 싶다.
⑩ 나는 뭐든지 실전에 약한 편이다.

1~2개에 해당된다면?

시험 불안이 거의 없다고 할 수 있어요. 시험을 보게 되면 누구나 느끼는 정도의 자연스러운 불안을 느끼고 있는 것으로 보이네요.

3~4개에 해당된다면?

약간의 시험 불안을 느끼고 있는 것 같아요. 시험을 볼 때 남들보다 약간 더 긴장하는 경향이 있기는 하지만 스스로 조절할 수 있을 거예요.

5~7개에 해당된다면?

시험 불안을 많이 느끼고 있네요. 자기가 공부한 것만큼 좋은 결과가 나오지 않을 때가 많을 수 있겠어요. 어쩌면 학교 생활도 즐겁지 않을 때도 있었을 것 같네요.

8~10개에 해당된다면?

시험 불안이 매우 높아서 시험뿐 아니라 모든 일에 자신감이 없고, 공부한 만큼 성적이 안 나오니까 평소에도 우울하고 불안한 생활을 하고 있을 수 있겠어요. 부모님이나 선생님께 말씀드려서 전문가와 상담을 받아 보는 것도 좋은 방법이랍니다.

| 시험에 대한 불안감을 이기는 방법 |

① 내가 해낼 수 있는 가능한 계획을 세워서 시험 공부를 한다.
② 공부가 안 될 때에는 산책이나 운동을 하거나 음악을 듣는 등 기분을 바꿔 본다.
③ 이번 시험이 내 인생을 전부 결정하는 것은 아니라고 자기에게 자꾸 말해 준다.
④ 시험이 끝나고 할 수 있는 즐거운 일들을 상상해 본다.
⑤ 시험 보기 전에 몇 번 큰 숨을 쉬어 본다.

030 선생님이 내신 문제와 내가 낸 문제가 몇 개나 같을까?

시험 보기 일 주일 전부터 과목별로 중요하다고 생각되는 내용을 요약해서 정리해 보세요. 그리고 선생님이라면 어떤 문제를 어떻게 내실까 하고 선생님의 입장이 되어 문제를 내 보는 거예요.

시험 보기 일 주일 전부터 선생님이 되어 보는 것은 어떨까요?

'선생님이 되다니, 이게 무슨 황당한 이야기야?' 라고 생각하는 친구들이 있나요?

어때요, 지겹게 시험 공부만 하는 것보다는 시험 공부도 하면서 선생님이 되면 기분 좋은 일이 아니겠어요?

시험 보기 일 주일 전부터 과목별로 중요하다고 생각되는 내용을 요약해서 정리해 보세요. 그리고 선생님이라면 어떤 문제를 어떻게 내실까 하고 선생님의 입장이 되어 문제를 내 보는 거예요. 아마 문제 푸는 것은 재미가 없어도 내가 문제를 내는 것은 재미가 있을 걸요. 그리고 시험을 본 다음에 내가 예상한 문제가 시험에 몇 개 나왔는지 확인해 보면 더 재미가 있답니다.

처음 문제를 냈을 때에는 비슷한 문제가 몇 문항 안 되지만 몇 번씩 반복하다 보면 예상 문제와 진짜 시험 문제가 같은 문항이 많아질 거예요. 내가 예상한 문제가 시험에 그대로 나왔다면 기분이 아주 좋겠지요.

또 내가 예상한 문제가 시험에 많이 나오지 않았다고 해도 예상 문제를 내는 동안 충분히 공부가 되었을 테니, 공부한 내용이 오래 오래 기억되고 좋은 결과를 얻게 될 거예요. 그리고 문제를 보는 눈도 뜨일 거고요. 그러다 보면 시험 보는 능력도 향상되고, 각 과목별로 공부하는 요령도 생긴답니다.

그런데 예상 시험 문제를 잘 내려면 수업 시간에 집중해서 선생님 말씀을 들어야 해요. 선생님께서 강조하셨거나 몇 번 반복하신 내용은 중요하다는 뜻이고, 그런 것들은 시험에 나올 가능성이 높다고 앞에서도 말했지요.

중요하지도 않은 내용을 자꾸 말씀하시는 선생님은 없답니다. 그러니까 바로 그런 것들을 중심으로 문제를 만들면 된답니다.

그리고 **친구들과 함께 예상 시험 문제를 내 보고 누가 가장 많이 맞혔는지 게임도 하면서 공부를 하다 보면 혼자 하는 공부보다 재미도 있고 효과도 있을 거예요.** 그리고 다양한 문제에 익숙해져서 시험을 볼 때에도 덜 긴장하게 된답니다.

우리 이번 시험 기간 동안에는 선생님이 되어 볼까요?

요거…
요거…

시험 문제는 교과서에 다 있지

요즘 많은 어린이들이 학원에 다니지요? 하지만 교과서 내용을 이해하지 못한 상태에서는 아무리 좋은 학원을 다니고 과외를 받아도 우등생이 되기 어렵답니다.

"다솜아, 넌 어쩌면 그렇게 시험을 잘 보니? 그 비결이 있으면 나에게도 가르쳐 줘라."

"응, 시험을 잘 보는 비결은 없고 일단 교과서부터 차근차근 몇 번씩 읽어 본 다음에 참고서나 문제집을 풀어 보는 거야. 주홍이 너는 어떻게 공부하는데?"

"난 문제집도 풀고 학습지도 풀면서 나름대로 열심히 공부했는데, 모르는 문제가 나오던걸."

어때요, 다솜이와 주홍이 두 친구가 하는 말에서 차이점을 발견했나요?

그래요, 다솜이는 교과서를 먼저 공부하고 난 다음에 참고서나 문제집을 풀어 본다고 했는데, 주홍이는 문제집과 학습지로 공부했다고 했지요?

시험 공부는 다솜이가 공부하는 것과 같은 방법으로 하는 것이 좋습니다.

교과서를 몇 번씩 차근차근 공부하고 난 후, 참고서나 문제집을 푸는 것이 효과적입니다.

교과서는 각 교과별로 전문적인 교육을 받으신 선생님들이 모여서 만드신답니다. 교과서를 만드시는 선생님들이 초등학교에서 학습해야 할 내용을 중심으로 교과서를 만들고 나면, 그 교과서 내용을 가지고 참고서나 문제집을 만들기 때문에, 교과서에 있는 내용이 참고서에 없는 경우도 있습니다. 그렇기 때문에 교과서를 중심으로 공부하는 것이 중요하지요.

요즘 많은 어린이들이 학원에 다니지요? 하지만 교과서 내용을 이해하지 못한 상태에서는 아무리 좋은 학원을 다니고 과외를 받아도 우등생이 되기 어렵답니다. 혹, 학원에서 배웠다고 정작 학교 수업 시간에는 장난만 치거나 떠드는 것은 아닌가요?

여러 군데의 학원에 가서 같은 내용을 반복해서 듣는 것만이 좋은 것은 아니랍니다.

학원에서 학교와 똑같은 과목을 배운다고 해도 선생님이 가르치시는 수업 내용과 같을 수는 없답니다. 결국 시험 문제는 선생님께서 내시니까요. 선생님의 말씀을 잘 들으면서 각 교과목의 교과서에 중요한 내용과 요점을 잘 표시해서 정리해 두는 것이 가장 좋은 시험 공부랍니다.

교과서가 왜 중요한지 이제 알겠지요? 앞으로는 시험 공부를 할 때에는 반드시 교과서를 차근차근 몇 번씩 읽는 것 잊지 마세요.

틀린 문제, 그냥 넘기면 후회하지!

이해가 되지 않는 문제나 틀린 문제가 있을 때 무심코 넘기면 아무리 많은 시간을 투자해서 공부를 해도 효과가 적다고 할 수 있어요.

수학 경시 대회를 치렀어요. 그런데 어제 예상 문제로 풀었던 문제가 나온 거예요.

'야호, 공부한 보람 있네! 어제 풀었던 문제가 그대로 나왔어.'

기쁜 마음으로 문제를 풀려고 하는데, 이해가 되지 않아 풀 수 없는 거예요. 곰곰이 생각해 보니, 어제 그 문제를 틀렸는데 다시 풀어 보지 않고 그냥 넘어갔던 거예요.

'어휴! 그 문제를 한 번만 풀어 봤으면 오늘 시험에서 틀리지 않았을 텐데.'

후회해도 소용없는 일이지요. 이런 일을 겪어 본 친구들이 꽤 있을 거예요.

공부를 잘하는 친구와 공부를 못 하는 친구들을 비교해 보면 이런 사소한 것에서부터 차이가 난답니다. 이해가 되지 않는 문제나 틀린 문제가 있을 때 무심코 넘기면 아무리 많은 시간을 투자해서 공부를 해도 효과가 적다고 할 수 있어요.

시험을 보고 난 다음에 많이 틀렸다고 기분 나빠하거나 창피해서 시험지를 구겨 버리거나 감춰 두고 만다면, 다음에 그 문제가 다시 나와도 여전히 틀리겠지요? 물론 틀린 문제를 또 본다는 건 별로 기분 좋은 일은 아니지요.

하지만 시험이 끝나고 시험지를 받으면 틀린 문제가 무엇인지, 틀린 이유가 무엇인지 살펴보아야 해요. 문제를 잘못 읽어서였는지, 배운 내용이 생각이 안 났는지, 글씨를 흘려 써서 잘못 보고 쓴 것인지 그 이유를 찾아 고쳐야 해요.

그리고 **틀린 문제는 틀린 문제를 모으는 공책에 써 두고, 그 문제가 완전히 이해될 때까지 끈질기게 풀어 보아야 합니다.**

한 번, 두 번, 세 번, 아니 열 번이라도 그 문제를 풀어 보고 완전히 이해가 된 다음에 다음 문제를 풀어야 해요. 처음에는 습관이 들지 않아 힘들겠지만 이런 방식으로 꾸준히 공부하다 보면 나도 모르게 실력이 쌓여 갈 테니까요.

우리가 이해하지 못하고 무심코 넘긴 문제가 중·고등학교에 올라가면 합격과 불합격을 판가름하는 경우가 생길 수도 있기 때문에 초등학교 시절부터 꼼꼼하게 해결하고 넘어가는 습관을 길러야 한답니다.

공부에 방해가 되는 적을 찾아볼까요?

만약 TV를 보고 싶거나 컴퓨터 게임을 하고 싶은 생각이 자꾸 든다면 TV나 컴퓨터를 가족들이 자주 모이는 거실로 옮겨 놓는 것도 좋은 방법이에요.

'고구려 땅을 넓힌 임금은 광개토 대왕이고, 무신의 난을 일으킨 사람은 정중부라 이거지. 그런데 농사직설은 세종대왕 때 만든 농업에 대한 책이고······. 음, 그러면 다시 한 번 외워 볼까······.'
'뭐가 이렇게 많은 거야. 아참, 오늘 텔레비전에서 '무신정권' 하겠네. 지난번에 그 장군이 죽을 뻔했는데······. 아니, 내가 또 무슨 딴 생각을 하는 거야, 내일이 시험인데. 에잇, 냉장고에 아이스크림 있는데 그거나 먹고 할까? 아까 형진이가 약을 올리면서 먹던데······. 뭐야, 또 딴 생각이잖아? 으, 난 도대체 왜 이렇게 집중을 못 할까? 도대체 얼마만에 책상에 앉았는데······.'
공부를 할 때에는 이렇게 집중이 안 되다가도 만화책을 읽거나 게임을 할 때에는 옆에 누가 와서 말을 걸어도 알아듣지 못하고 무지하게 집중을 잘하는 건 아닌가요?
사람은 누구나 자기가 좋아하는 일을 할 때에는 재미도 있고 하고 싶은 마음도 강하기 때문에 옆에서 무슨 소리가 들려도 별로 방해를 받지 않고 집중해서 계속할 수 있어요. 그런데 도대체 왜 공부만 하려고 하

면 자꾸 딴 생각이 나는 건지…….

하지만 정말 집중력이 있는 사람은 숙제나 학교 공부처럼 하기 싫은 것을 할 때에도 계속해서 집중할 수 있다고 해요.

그럼 어떻게 해야 공부할 때에도 집중할 수 있는 걸까요?

먼저 공부하는 책상 주위에는 여러분의 관심을 끌 만한 것은 다 치우는 것이 좋습니다. 공부할 책과 필기 도구 외에는 아무것도 두지 않는 것이 좋아요. 가능하다면 책꽂이도 눈앞에 보이지 않도록 옆쪽에 배치해 두는 것이 좋답니다. 책상은 벽을 향하도록 두는 것이 좋고, 의자는 바퀴가 없는 것이 집중에 도움이 된다고 해요.

연예인 사진이나 오디오, 잡지, 컴퓨터 게임 CD, 전화 등이 놓여 있으면 딴 생각으로 빠지게 되는 건 당연하겠지요?

만약 TV를 보고 싶거나 컴퓨터 게임을 하고 싶은 생각이 자꾸 든다면 TV나 컴퓨터를 가족들이 자주 모이는 거실로 옮겨 놓는 것도 좋은 방법이에요.

혼자 있으면 딴 생각이 나서 공부하기 힘들다면 가족과 함께 있는 거실에 책상을 옮겨서 공부를 하거나 식탁에 앉아서 공부를 하는 것도 좋은 방법이라고 할 수 있어요. 사람마다 주의 집중이 더 잘 되는 장소는 다르니까요.

공부를 시작할 때에는 숙제를 할지, 예습을 할지, 아니면 문제집을 풀지 먼저 결정하고 나서, 몇 쪽까지를 몇 시까지 할지 정하고 공부를 시작하는 것이 좋아요. 아무런 계획도 없이 공부를 시작하면 금방 막막해지게 되고, 그러면 집중은커녕 금방 포기해 버리게 되지요.

하지만 **처음부터 너무 오랜 시간 집중하려고는 하지 마세요. 조금씩 자주 공부를 하면서 집중하는 시간을 차츰 늘려 가는 것이 좋답니다.** 보통 사람이 집중할 수 있는 시간은 30분 정도라고 해요. 그러니까 한 30분 정도 공부를 하면 자리에서 일어나서 가볍게 몸을 풀어 주는 휴식 시간을 가지는 게 좋겠지요?

남에게 가르쳐 주는 것처럼, 공부하고 있는 내용을 소리 내면서 하는 것도 딴 생각을 하지 않을 수 있는 좋은 방법이랍니다.

그런데 집중이 안 되는 이유가 걱정거리나 불안한 마음 때문이라면 걱정거리를 써서 정리해 보세요. 그리고 공부하는 시간과 걱정하는 시간을 나누어서 공부하는 시간에는 공부만 하고, 걱정하는 시간에는 걱정만 해 보는 거예요.

공부하는 시간에도 자꾸 걱정이 떠오른다면 "그만!" 하고 소리를 치면서 생각을 멈추는 연습을 해 보는 것도 많은 도움이 된답니다.

공부는 왜 하는 걸까?

내가 나중에 어른이 되었을 때 꼭 이루고 싶은 꿈은 무엇이고, 어떤 직업을 가질 것인가에 대한 분명한 목표를 세우세요. 목표를 가지고 공부를 한다면 능률도 오르고 힘들 때에도 큰 힘이 된답니다.

디자이너가 되는 것이 꿈인 친구는 디자이너가 되기 위해 나름대로의 목표를 세워 공부할 것이고, 외교관이 꿈인 친구는 영어나 중국어 같은 어학 공부를 열심히 하겠죠. 과학자가 꿈인 친구들은 과학에 대한 책을 탐독하고 과학자가 되기 위한 정보를 얻기 위해 나름대로 노력하지요. 그러면 여러분은 무엇을 위해 공부를 하는지 한번 곰곰이 생각해 보세요.

"어머니께서 하라고 하시니까 그냥 할 수 없이 공부를 해요."

"공부를 해야 나중에 성공하니까요."

"친구들이 학원에 다니니까 저도 학원에 가는 거고 공부는 그냥 해야 하니까 하는 거예요."

이렇게 막연하게 목표 의식 없이 공부를 하면 공부하는 시간에 비해 효과가 적고, 공부가 잘 될 때에는 문제가 없지만, 공부가 안 될 때에는 집중을 하는 데에도 많은 시간이 걸린답니다.

사람은 누구나 자기가 하고 싶은 일을 할 때에는 재미가 있어서 열심히 하지요. 열심히 하다 보면 무슨 일이든 잘하게 되고요. 공부도 하고 싶어서 하면 열심히 할 것이고, 그러면 성적도 쑥쑥 올라가게 될 거예요.

이렇게 **누가 시키지 않아도 알아서 척척 공부를 하게 이끌어 주는 보이지 않는 힘을 '학습 동기'라고 한답니다.**

　학습 동기가 높은 친구들은 집에서든 학교에서든 공부를 누가 시켜서 하는 게 아니라 스스로 열심히 공부하지요. 수업 시간에도 집중해서 열심히 듣고, 모르는 것이 나왔을 때에도 선생님께 여쭈어 보고, 문제가 어렵다고 쉽게 포기하지도 않는답니다.

　하지만 왜 공부를 하는지, 무엇 때문에 공부를 해야 하는지 아무 생각이 없는 친구들은 수업 시간에도 멍하니 앉아 딴 생각만 하고 있거나 장난만 치게 된답니다. 어려운 문제가 나오면 바로 모른다고 생각하면서 포기하고 말지요.

　그럼, 지금부터 내가 공부하는 이유는 무엇이고, 나는 무엇이 되기 위해 지금 노력하고 있는지 생각해 보세요. 그리고 목표를 세우고 공부하세요.

　어른이 되었을 때 꼭 이루고 싶은 꿈은 무엇이고, 어떤 직업을 가질 것인가에 대한 분명한 목표를 세우세요. 목표를 가지고 공부를 한다면 능률도 오르고 힘들 때에도 큰 힘이 된답니다.

공부할 때의 마음가짐 테스트

나는 공부할 때 얼마나 긍정적인 마음가짐을 가지고 있는지 알아볼까요? 내 생각과 같은 것이 몇 개인지 표시해 보세요.

① 공부 시간에 배우는 내용을 그 시간에 이해하기 위해서 선생님의 설명을 열심히 들으려고 한다.

② 학교에서 배우는 교과목은 좋든 싫든 좋은 성적을 받기 위해서 열심히 공부하려고 한다.
③ 좋은 성적을 받아 주위 사람들로부터 칭찬 받기 위해서 꾸준히 공부할 각오가 되어 있다.
④ 학교에서 배운 내용 가운데 이해되지 않는 부분은 누구에게 물어서라도 이해하려고 한다.

⑤ 공부할 때 피곤하고 졸립더라도 그 날 배운 내용은 반드시 이해하려고 한다.

⑥ 각 과목의 내용을 하나하나 복습해서 이해하게 되면 매우 즐겁고 더욱 공부할 의욕이 생긴다.

⑦ 공부 시간에 배운 내용과 관계가 있는 TV 프로그램, 어린이 신문 기사, 잡지 등의 내용을 많이 살펴보려고 노력한다.

035

잘 될 거야!
주문을 외워요

공부를 못 한다고 해도 어떤 마음가짐으로 공부를 하느냐에 따라 앞으로 공부를 잘하게 될 수도 있고 계속해서 못 하게 될 수도 있어요.

'피그말리온 효과'라는 말을 들어 본 적이 있나요?

만약 선생님이 '너는 공부를 잘할 거야.'라고 기대를 하면서 가르치면 기대를 받은 아이는 기대를 받지 않은 다른 아이들보다 공부를 더 잘하게 될 가능성이 높다고 해요. 무슨 일이든 기대한 만큼 이루어진다는 것이지요. 이런 현상을 가리켜 '피그말리온 효과'라고 한답니다.

어떤 소망을 가지고 그 소망을 이루기 위해 최선을 다하면 언젠가는 그 소망이 현실로 이루어진다는 뜻이에요. 그리스 로마 신화에 나오는 '피그말리온의 이야기'에서 따온 말이지요.

실과 시간입니다. 아크릴 판으로 필통을 만들고 있었어요. 아크릴 판에 그림을 그리고 칼집을 내어 잘라 낸 뒤 순간 접착제로 붙여야 하는데 영숙이는 아크릴 판이 잘못 잘려질까 봐 걱정이 되어 망설이고 있었어요. 다른 친구들은 아주 자연스럽게 잘 자르는데 말이에요. 그런 영숙이를 보고 정아가 다가왔어요.

"영숙아, 그렇게 망설이기만 하다가 언제 자를 거야? 자신감을 가지고 힘을 주어 잘라야지. 영숙이 너, 체육 시간에 뜀틀도 못 넘는다고 망설이더니 잘 넘었잖아. 잘 될 거라고 믿고 해 봐."

영숙이는 정아의 말을 듣고 떨리는 마음으로 아크릴 판에 힘을 주어 과감하게 잘랐어요.

공부할 때 가장 중요한 것 중의 하나는 공부하는 마음의 자세라고 할 수 있어요. 처음에는 공부를 못 했지만 조금씩 공부를 잘하게 되는 친구들도 있고, 점점 더 공부를 못 하게 되는 친구들도 있답니다. 처음에는 똑같았는데 왜 누구는 공부를 잘하게 되고, 누구는 그대로 남아 있게 되는 걸까요?

갑자기 머리가 좋아진 걸까요? 아니면 갑자기 선생님이 좋아졌다거나 공부가 좋아진 걸까요? 특별히 좋은 학원에 다니게 된 걸까요? 두 친구의 차이는 어디에서부터 시작된 것일까요?

다음의 두 친구의 마음 속을 한번 들여다볼까요?

'나는 공부가 제일 싫어. 자신도 없고, 난 아무래도 공부에는 소질도 없고 취미도 없는 것 같아. 또 머리가 아프네. 왜 공부만 하려고 하면 머리가 아픈 거야. 에잇, 만화책이나 보자!'

'정말 공부는 어렵고 힘들어. 하지만 다른 친구들도 저렇게 하는데, 나도 차근차근 쉬운 문제부터 풀다 보면 잘 되겠지. 나라고 못 하란 법이 없지. 안 해서 그렇지 열심히 하면 나도 저 친구들보다 잘할 수 있을 거야.'

누구의 성적이 좋아졌을지는 말하지 않아도 알 수 있겠지요? 공부를 못 한다고 해도 어떤 마음가짐으로 공부를 하느냐에 따라 앞으로 공부를 잘하게 될 수도 있고 계속해서 못 하게 될 수도 있어요.

나는 두 친구 중 어느 경우에 해당하나요?

공부뿐만 아니라 무슨 일을 하든지 '**난 잘할 수 있어. 그리고 잘 될 거야.**'라는 기대를 가지고 주문을 외워 보세요. 이러한 '긍정적인 사고'를 하면 실력만 쑥쑥 자라는 게 아니라 모든 일들이 잘 되어 갈 거예요.

하지만 혹시 내가 기대한 만큼 이루어 내지 못했더라도 너무 성급하게 실망하지 말고, 열심히 노력한 것에 대해서 자신을 칭찬해 주세요. 그래야 여러분 속에 들어 있는 '자아'도 기운이 나고 즐거워서 다음에도 끝까지 열심히 하지 않겠어요?

긍정적인 사고를 갖고 있는지에 대한 테스트

여러분은 '잘 될 거야.'라는 생각과 얼마나 친하게 지내고 있나요? 다음 내용 중 여러분의 생각과 같은 것이 몇 개인지 살펴보세요.

① 내 친구들은 나를 인정해 준다.
② 나는 앞으로 성공할 것이다.
③ 내 주변에는 나를 도와 줄 친구들이 있다.
④ 나는 여러 가지 좋은 장점을 가지고 있다.
⑤ 나는 운이 좋은 사람이다.
⑥ 나는 걱정할 일이 별로 없다.
⑦ 나는 지금의 내 모습에 만족한다.
⑧ 나는 여러 가지 쓸모 있는 능력들을 가지고 있다.
⑨ 나에게 풀리지 않는 절망적인 문제는 없다.
⑩ 나의 하루 생활은 즐겁다.

위에서 여러분이 '예'에 표시한 것이 6개 이상이라면 여러분은 긍정적인 사고를 하고 있는 편이라고 볼 수 있지요.
긍정적인 사고는 좋은 결과를 맺게 해 주는 신기한 묘약과도 같답니다. 이제부터는 '어차피 안 될 텐데.' 하는 생각은 멀리 떨쳐 버리고 긍정적인 어린이가 되자고요.

졸릴 때에는 어떻게?

졸음이 올 경우에 찬물로 세수를 하고 공부를 한다든가, 좀 쉬었다 공부를 하는 것은 여러분도 다 아는 일이니까 공부를 하다 졸음이 몰려오면 당연히 한번 시도해 봐야겠지요.

"어유, 아직 숙제를 반밖에 못 했는데 왜 이렇게 졸음이 오지? 내일 새벽에 일어나서 할까? 아니야. 난 새벽잠이 많아서 잘 일어나지 못하니까 찬물로 세수하고 나서 해야지."

세수를 하고 왔는데도 계속 잠이 쏟아져서 책상 위에 엎드린 채 그냥 잠들어 버린 경우가 종종 있을 거예요. 아무리 우등생이라도 쏟아지는 잠 앞에서는 어쩔 수 없지요.

이렇게 잠이 마구 쏟아질 때 어떻게 하면 잠을 쫓아 버릴 수 있을까요?

똑같이 피곤한 상황인 경우에도 아주 중요한 일을 하고 있거나 내가 흥미를 가지고 있는 공부를 하는 경우, 또는 평소에 쉽게 해결할 수 있는 문제를 풀 때에는 졸음이 잘 오지 않습니다. 그러나 지금 하고 있는 공부가 잘 이해되지 않거나 지루한 내용일 때 졸음이 오는 경우가 많지요.

그렇기 때문에 정신을 집중할 수 있는 시간에는 어려운 과제를 공부하고, 늦은 저녁 시간이나 지루함을 느끼는 시간에는 내가 제일 자신 있는 과목이나 흥미를 가진 과목을 공부하는 겁니다. 그러면 효과가 있을 거예요.

　만약 늦은 시간 졸음이 올 때 내가 제일 좋아하는 컴퓨터 게임을 한다고 생각해 보세요. 내려가던 눈꺼풀의 모습은 어디로 사라지고 눈동자가 반짝반짝하겠지요?

　물론 졸음이 올 경우에 찬물로 세수를 하고 공부를 한다든가, 좀 쉬었다 공부를 하는 것은 여러분도 다 아는 일이니까 공부를 하다 졸음이 몰려오면 당연히 한번 시도해 봐야겠지요.

　우등생이 되는 것이 쉬운 일은 아니지요. 이렇게 어려운 과정을 한 가지씩 돌파해 가야 남들도 부러워하는 우등생이 되는 것이랍니다.

인터넷으로도 공부할 수 있어

인터넷을 '정보의 바다'라고 하는 말을 들어 보았지요? 인터넷을 활용해서 자료를 찾다 보면 보다 많은 정보를 얻게 되고, 세상에는 다양한 정보들이 있다는 것을 알게 될 거예요.

선생님께서 공주, 부여를 중심으로 백제권 문화재에 대한 자료를 조사해 오라고 말씀하셨어요. 우리가 조사해 온 것을 가지고 내일 사회 시간에 모둠별로 자료를 정리해서 발표하고, 발표한 자료는 교실 뒤편에 전시한다고 하셨어요.

조사한 자료가 부족하거나 정리를 잘하지 못하면 다른 모둠과 비교되기 때문에 열심히 조사하자고 모두들 의견을 모았답니다. 특히, 전 시간에 우리 모둠이 좋은 성적을 내지 못했기 때문에 이번엔 모두가 열심히 자료를 찾기로 약속했어요.

나는 집에 오자마자 교과서를 펴고 백제권 문화재에 대한 자료를 찾아보기 시작했어요. 그런데 아무리 교과서를 찾아봐도 내가 찾고 싶은 내용이 들어 있는 자료가 많지 않은 거예요.

백과 사전을 찾아보니 자료가 있기는 한데 교과서에 있는 내용만 있고, 그림 자료가 많지 않아 내일 므둠별 발표 자료로는 부족한 것 같아서 고민이 됐어요.

여러분도 자료를 모을 때 이런 경험을 종종 했을 거예요.

공부할 때 자료를 모으는 방법에는 여러 가지가 있습니다. 교과서나 참고서를 통해 모으는 방법과 찾고자 하는 정보에 대한 전문 자료집이나 인터넷을 이용하여 모으는 방법 등이 있지요.

　공부할 때 주로 교과서나 참고서를 이용하는 방법을 많이 사용합니다. 그러나 교과서나 참고서에 들어 있는 자료는 한정되어 있습니다. 교과서를 잘못 만들어서가 아니라 그 많은 정보를 교과서 안에 수록하기에 지면이 너무 부족하기 때문입니다.

교과서나 참고서 이외에도 인터넷이나 전문 서적, 신문, 방송 자료 등 다양한 방법으로 자료를 수집하고, 이것을 활용해서 공부를 한다면 좀더 공부에 도움이 될 거예요.

　많은 양의 정보를 쉽게 얻기 위해서는 인터넷을 활용하는 방법이 효과적일 수 있어요. 인터넷을 '정보의 바다'라고 하는 말을 들어 보았지요?

　그만큼 많은 양의 정보를 가지고 있다는 뜻이겠지요. 인터넷을 활용해서 자료를 찾다 보면 보다 많은 정보를 얻게 되고, 세상에는 다양한 정보들이 있다는 것을 알게 될 거예요.

　한 예로 인터넷을 통해 초등학교 교육용 사이트에 들어가면 전과목을 학년별, 교과 과정별로 나눈 뒤 단원 요약을 시작으로 보충, 심화 학습까지 할 수 있도록 짜여진 프로그램들이

있답니다. 동영상도 준비되어 있어서 옆에서 가르쳐 주는 것처럼 생생하게 공부할 수 있고, 다시 들을 수도 있어 편리하답니다.

또한, 긴장하지 않고 편한 마음으로 문제도 풀고 시험도 보고 해설도 받아 볼 수 있어요. 궁금한 점은 게시판에 글을 올려 질문할 수도 있답니다.

여러분 가운데 컴퓨터를 싫어하는 사람은 없을 거예요. 책을 펴고 혼자서 하는 공부에 흥미를 느끼지 못한다면 이렇게 인터넷을 이용해서 공부하는 것도 하나의 좋은 공부 방법이랍니다.

하지만 **컴퓨터에 앉아 공부하는 시간과 게임이나 채팅하는 시간은 구분해야 해요.**

언제부터 언제까지는 컴퓨터를 활용해서 공부나 숙제를 하는 시간으로 정하고, 그 시간 동안에는 게임이나 채팅 같은 것을 해서는 안 된다는 약속을 부모님과 해 두어야 한답니다. 그래야 인터넷이 계속 공부에 도움을 줄 수 있어요. 그렇지 않으면 컴퓨터가 오히려 공부를 방해하게 될 거예요.

그리고 그런 약속을 잘 지키기 위해서는 컴퓨터를 여러분의 공부방에 두지 말고 가족이 함께 생활하는 공간에 두는 것이 좋답니다.

친구와 함께 공부하는 것도 좋은 방법!

혼자 공부를 하다 보면 지루해지기 쉽고, 이해하기 어려운 문제가 생기면 진도가 잘 나가지 않기 때문입니다. 그럴 때 같이 공부하는 친구에게 물어 보고 함께 공부를 하다 보면 도움을 받을 수 있지요.

오늘은 학원에 가지 않는 날이라 일찍 집에 왔어요. 어머니와 동생이 시장에 갔기 때문에 집 안이 조용하고 공부하기에 좋은 분위기여서 숙제도 하고 밀린 공부를 해야겠다는 생각으로 책상에 앉아 공부를 하는데 풀리지 않는 문제가 있는 거예요.

교과서를 보고, 참고서를 찾아보아도 이해가 되지 않는 거예요. 그래서 짜증이 나 책을 덮어 두고 TV를 켰어요. 한참 TV를 보는데 갑자기 우리 반 은지가 생각났어요. 은지는 내가 이해 못 하는 문제에 대해 평소에 잘 알고 있었거든요.

"은지야, 오늘 숙제 중에 모르는 것이 있어서 전화를 했는데 좀 가르쳐 줘."

은지는 알겠다면서 자세하게 그 문제에 대해 가르쳐 주었어요.

'아, 이거였구나! 이렇게 쉬운 걸 왜 몰랐을까?'라는 생각과 함께 은지와 같이 공부하면 서로 모르는 것도 물어 보고 공부도 잘 될 것 같아 은지에게 함께 공부하자고 말했어요.

이렇게 친구와 같이 공부하는 것도 효과적인 공부 방법 중의 하나랍니다. 혼자 공부를 하다 보면 지루해지기 쉽고, 이해하기 어려운 문제가 생기면 진도가 잘 나가지 않기 때문입니다. 그럴 때 같이 공부하는 친구에게 물어 보고 함께 공부를 하다 보면 도움을 받을 수 있지요.

그런데 친구와 같이 공부할 때에는 지켜야 할 예의가 있습니다. 공부를 시작한 지 얼마 되지 않았는데 말을 걸어서 공부하는 분위기를 깬다거나, 공부가 되지 않을 때 나가서 놀자고 하는 횟수가 잦아지면 오히려 같이 공부하는 것이 역효과가 납니다.

이렇게 공부에 방해되는 일을 삼가면서 친구와 같이 공부하다 보면 성적은 쑥쑥 올라가고 친구와의 우정도 돈독해질 것입니다.

열 번 공부하기보다 한 번 가르치는 게 낫다

자기보다 실력이 부족한 친구를 가르치는 것은 자기 자신의 기초 실력을 튼튼히 할 수 있는 좋은 기회입니다. 또 친구와의 우정도 돈독해지니까 일석이조

   선생님께서 짝을 바꾸겠다고 한 날이 되었어요. 저는 두근거리는 마음으로 멋진 아이와 짝이 되기를 바랐어요.
   우리 반에서 공부를 제일 잘하고 인기도 많은 용준이와 짝이 되길 기대했는데, 평범하게 학교 생활을 하는 병규와 짝이 됐어요. 그래서인지 짝이 바뀌었는데도 신선한 기분은 들지 않더라고요.
   짝을 바꾸고 난 뒤 선생님께서 말씀하시길 일 주일 후에 수학 시험을 보는데, 짝끼리 점수를 더해서 최고로 점수가 높은 팀과 같이 연극을 보러 가신다는 거예요.
   어쩐지 짝을 바꾸실 때 수학을 제일 잘하는 친구와 제일 못 하는 친구, 중간 정도의 성적인 친구끼리 짝을 배정하셨는데, '이번에 짝을 바꾸실 때에는 이런 이유가 있었구나.' 라는 생각을 했어요.
   하여간 그 날부터 일 주일간은 아침 자습 시간, 쉬는 시간, 점심 시간 할 것 없이 수학 문제를 푸느라 우리 반은 그야말로 정신이 없었어요.
   연극 티켓이 상품으로 주어져서 그런지 긴장도 되고, 그래서 저도 병규와 열심히 공부하기로 마음먹었어요. 선생님께 인정 받고 선생님과 함께 연극 관람을 한다는 것은 너무 좋은 일이니까요.

병규가 수학을 못 하는 줄 알았는데 같이 공부하다 보니 다른 과목의 성적은 좋지 않았지만 수학 성적은 중간 정도였어요. 그리고 공부를 하지 않아서 성적이 좋지 않았는지 자세하게 설명해 주면 잘 알아듣는 거예요.

제가 설명해 주면 잘 알아듣고 수학 문제를 푸는 병규가 고맙기도 하고 가르치는 것이 너무 재미있었어요. 병규를 가르치기 위해 전날 철저히 예습하는 습관도 생겼고요.

그런데 **짝을 가르치다 보니 놀라운 변화가 생겼어요. 나의 수학 성적이 아주 많이 향상된 거예요. 수학 경시 대회에서도 금상을 받게 되었어요.**

그렇습니다. 자기보다 실력이 부족한 친구를 가르치는 것은 자기 자신의 기초 실력을 튼튼히 할 수 있는 좋은 기회입니다. 친구를 가르치기 위해서는 우선 나부터 기초 원리를 이해해야 친구에게 그 문제를 설명하기 쉽기 때문이지요.

또한, 기초적인 원리를 이해했기 때문에 이것을 바탕으로 문제를 해결할 수 있는 이해력과 응용력도 향상되고, 그러니 자연스럽게 성적은 쑥쑥 올라가겠지요.

또 친구와의 우정도 돈독해지니까 일석이조!

우등생들은 퀴즈 맞히기를 좋아한대요

여러 학자들의 연구 결과를 보면 영재들이 좋아하는 놀이 중에 퀴즈놀이가 들어 있어요. 친구들과 함께 놀 때 자기가 알고 있는 것을 퀴즈로 내고, 또 자기가 맞히기도 하면서 노는 거지요.

선생님께서 내일 과학 수행 평가를 실시한다고 말씀하셨어요. 그래서 지원, 영원, 수진이와 함께 과학 공부를 하는데, 어려운 문제가 나오면 서로 물어 보느라고 떠드는 바람에 정신 집중이 되질 않는 거예요. 이 때 지원이가 말했어요.

"지금처럼 소리내어 공부하면 다른 친구에게 방해가 되니까 우리 퀴즈 대회나 할까?"

각자 공부를 하다가 제일 어렵다고 생각되는 문제를 10문제씩 내고 문제를 제일 많이 맞힌 친구에게 우리끼리 으뜸상을 주자는 거예요.

지원이의 말이 끝나기 무섭게 조금 전까지만 해도 수다를 떨던 우리들은 정신없이 공부하기 시작했어요.

어때요? 여럿이 모여서 공부를 할 때 퀴즈 대회를 하는 것도 좋은 공부 방법 중의 하나가 아니겠어요?

여러 학자들의 연구 결과를 보면 영재들이 좋아하는 놀이 중에 퀴즈놀이가 들어 있어요. 친구들과 함께 놀 때 자기가 알고 있는 것을 퀴즈로 내고, 또 자기가 맞히기도 하면서 노는 거지요.

그럼 퀴즈놀이는 어떻게 하는지 알아볼까요?

친구들끼리 모여서 공부를 할 때, 먼저 공부할 범위를 정해 놓고, 한두 시간 정도 개별적으로 공부를 하는 거예요. 그리고 공부하는 데 가장 어렵다고 생각되는 문제나 이해되지 않는 문제를 퀴즈로 만듭니다. 문제를 너무 많이 만들면 퀴즈 대회를 할 때 지루할 수 있기 때문에 같이 공부하는 인원을 생각해서 문제의 수를 정해야겠지요.

퀴즈 문제가 정해진 다음, 퀴즈 대회를 하는 거지요. 이해가 되지 않는 문제는 공부를 잘하는 친구의 도움을 받아서 그 문제를 반드시 해결하도록 해야 합니다. 그래야 친구들과 함께 공부하는 방법이 효과가 있기 때문이지요. 이렇게 공부를 하다 보면 아마 단시간 내에 최대의 효과를 올릴 수 있을 거예요.

공 / 부 / 자 / 신 / 감

과목별 공부 잘하는 비결

국어 잘하는 방법

수학 잘하는 방법

사회 잘하는 방법

과학 잘하는 방법

효과적인 공책 정리법

과목별 / 공부 / 잘 하 는 / 비 결

국어 잘하는 방법

국어는 평소에 우리가 너무나 자연스럽게 사용하고 있는 말과 글로 되어 있어요. 그래서 특별히 공부를 한다는 것이 이상한 것 같기도 하고, 또 어떻게 해야 할지 오히려 더 막막하게 느껴지기도 합니다. 게다가 평소에 말을 잘한다고 해서 꼭 국어 시험을 잘 보는 것도 아니지요. 도대체 어떻게 하면 국어를 잘할 수 있는 걸까요?

국어 교과서를 보면 말하기·듣기·쓰기, 읽기로 나뉘어 있어요. 이 중에서 어느 하나라도 빠지면 기우뚱거리게 되지요. 그러니까 국어를 잘한다는 것은 이 네 가지를 모두 잘한다는 뜻이지요.

말하기·듣기·쓰기는 나의 생각과 느낌을 표현하는 것이고, 읽기는 다른 사람의 생각과 느낌을 알아 가는 것이라고 할 수 있어요. 그것을 말로 하느냐 글로 하느냐가 다를 뿐이지요.

사실 듣기와 읽기를 많이 연습하고 잘할수록 말하기와 쓰기를 잘할 가능성은 많아집니다. 왜냐하면 내 안에 많은 지식이 채워져 있어야 그것을 표현할 수 있는 것이니까요. 잘 듣지 않고 읽지도 않는다면 아는 것이 그만큼 적을 테니 말하고 쓸 수 있는 내용도 적어지고 수준도 낮아지는 것은 당연하겠지요.

① 많이 듣고 많이 읽으세요.

듣기와 읽기 시간에는 시, 소설, 극본, 설명문, 논설문 등의 여러 가지 작품을 듣거나 읽고 내용을 파악하는 능력을 기릅니다. 책을 많이 읽으면 나도 모르는 사이에 많은 지식이 쌓일 뿐만 아니라 글의 내용을 파악하는 힘도 길러진답니다.

처음에는 흥미가 느껴지는 책부터 읽어 나가는 것이 좋아요. 학년별로 권장 도서나 추천 도서를 읽어 가는 것도 좋은 방법이에요. 하지만 나의 읽기 수준에 맞는 책부터 읽어 가는 것이 더 좋답니다. 6학년이지만 아직 4학년 수준의 책이 더 재미있다거나 이해가 잘 된다면 먼저 4학년 수준의 책부터 읽어 나가는 것이 좋아요.

교과서를 공부라고만 생각하지 말고 재미있는 읽을거리로 생각하고 읽어 보면 의외로 재미를 느낄 수 있고 많은 지식도 얻을 수 있지요.

② 낱말의 뜻을 꼭 확인하면서 어휘력을 기르세요.

책을 읽거나 이야기를 듣다가 어려운 낱말이 나오면 글의 앞뒤 내용으로 봐서 그것이 무슨 뜻일까 한번 생각해 보는 것이 좋습니다. 그리고 나중에라도 꼭 사전을 찾아보는 습관을 가지세요. 당시에는 시간이 걸리고 별 도움이 안 되는 것처럼 보일 수도 있지만 이러한 습관이 쌓여서 국어 실력을 만든답니다. 모르는 낱말뿐만 아니라 평소에 알고 있던 낱말도 누가 빨리 찾나 사전 찾기 놀이를 하면서 다시 반복해 보는 것도 국어 우등생이 되는 좋은 습관이지요.

이렇게 다져진 어휘력은 국어를 잘하는 기초가 되지만 반대로 어휘력이 부족하면 학년이 올라갈수록 국어는 점점 어려운 과목이 된답니다.

③ 책을 읽으면서 중요한 내용을 요약해 보거나 다른 사람에게 소개해 보세요.

책을 읽고 나서는 중요한 내용이 무엇인지 생각해 보고, 한두 줄이라도 읽고 난 소감을 꼭 적어 두는 것이 좋아요. 기회가 생기면 친구나 부모님께 이야기하는 것도 아주 좋은 방법입니다. 중요한 내용을 뽑는 것이 어렵게 느껴진다면 처음에는 한두 문장이라도 마음에 드는 문장을 골라 적어 놓는 것도 좋아요. 어떤 생각이라도 좋으니 글을 읽다가 생각나는 것을 메모지에 써서 책에 붙여 두는 것도 좋은 방법이지요. 이런 습관을 반복하다 보면 글의 중심 내용이 무엇인지 찾아내는 능력이 쑥쑥 자란답니다.

④ 짧은 글이라도 자주 써 보고 친구들과 토론을 즐겨 보세요.

음악을 듣거나 영화를 보고나서 생각나는 것을 글로 써 두어도 좋고, 하루 일과 중에서 기억에 남는 일들과 생각한 것을 일기로 쓰거나 친구에게 편지를 쓰는 것도 좋은 방법이에요. 다른 사람의 글을 외워서 써 보거나 나의 글 속에 옮겨 써 보는 것도 좋은 공부가 된답니다.

이런 활동이 익숙해지면 글쓰기에 차츰 재미가 생기게 되고, 자기 생각을 표현하는 힘도 길러져서 논술을 하는 것도 어렵지 않게 되지요. 그리고 자기 생각을 이야기하는 습관도 말하기를 잘할 수 있는 방법입니다. 짧은 말이라도 자기 의견을 말로 표현하는 연습을 해 보세요.

⑤ 국어 과목은 특히 예습이 중요해요.

예습과 복습은 모두 중요하지만 국어는 예습이 특히 중요해요. 국어는

다 아는 말로 써 있으니까 수학보다 예습을 할 필요가 없다고 생각하는 어린이들이 많은데 그렇지가 않아요. 모르는 단어를 미리 찾아보고 중요한 문장이 무엇인지도 생각해 본 후 수업을 들으면 선생님의 말씀이 머릿속에 쏙쏙 들어와서 선생님이 물어 보시는 질문에도 대답을 잘 할 수 있게 되지요.

새로운 단원에 들어가기 전에 꼭 교과서를 몇 번쯤 읽어 가세요. 읽으면서 잘 모르는 낱말이나 구절이 있으면 표시해 두었다가 선생님의 설명을 귀 기울여 들어 보세요. 만약 잘 들었는데도 모르는 부분이 있다면 부끄러워하지 말고 질문을 해서 알아 두어야겠지요.

⑥ 마무리는 문제 풀이로!

국어 시험을 잘 보기 위해서는 문제를 풀어 보는 것이 필요합니다. 문제집의 문제들은 중요한 내용을 주로 다루고 있는 경우가 많기 때문에 문제를 풀다 보면 문제 풀이에도 익숙해지고, 지나쳐 버렸던 중요한 내용을 보충해 둘 수 있어서 좋답니다.

문제를 풀어 본 다음에는 중요한 내용을 공책이나 교과서에 써 두고, 틀린 문제나 어려운 문제는 표시를 해 두었다가 시험 보기 전에 다시 확인하는 것이 좋지요.

국어 시험의 경우 한 문제를 풀기 위해 읽어야 할 글이 많은 경우가 있지요. 이런 경우에는 문제를 먼저 읽고 문제가 원하는 것이 무엇인지 먼저 파악한 다음에 문제에 맞추어 글을 읽으면 시간도 절약하고 정답을 보다 쉽게 찾을 수 있답니다.

과목별 / 공부 / 잘 하 는 / 비결

수학 잘하는 방법

수학은 많은 어린이들이 가장 잘하고 싶어하는 과목이면서 가장 싫어하는 과목이 아닐까 싶네요.

수학이 어렵게 느껴지는 것은 숫자나 도형, 기호로 이루어져 있어서 관심을 갖고 보지 않으면 쉽게 머릿속에 들어오지 않기 때문이지요. 하지만 일단 숫자, 도형, 기호로 이루어진 몇 가지 약속들을 알고 나면 수학처럼 쉽고 단순한 공부도 없답니다.

국어나 사회는 문제에 대해서 맞는 답이 여러 가지 있을 수도 있어서 오히려 공부를 할수록 어려워지지만 수학은 그렇지가 않지요. 문제는 수학에 대한 관심과 흥미랍니다. 관심을 가지고 들여다보고 개념이나 공식들을 익히고 나면 나머지는 단순히 반복되는 공부라는 것을 알게 되지요.

하지만 반대로 이런 약속들을 알지 못하면 도무지 어느 나라 말인지 알 수도 없고 학년이 올라갈수록 모르는 말이 쌓여가기 때문에 수학은 점점 멀어지게 됩니다. 그만큼 수학은 기초가 중요하답니다.

① **수학에서 사용하는 낱말과 기호, 약속의 뜻을 이해하고 외우세요.**
수학에서 가장 기본이 되는 것은 수학의 세계에서 사용하는 말을 배우

는 것이지요. 그 나라의 말을 모르면 그 나라에서 살아가기 어렵겠지요. 수학은 사고력과 응용력이 필요한 과목이지만 수학의 세계에서 사용하는 말을 모르거나 기초 지식이 없다면 생각을 할 수도 응용을 할 수도 없어요.

만약 내가 5학년이지만 3학년 때부터 수학 공부를 게을리해서 3학년 수학에 대한 기초 지식이 모자란 상태라면 먼저 3학년 수학책과 수학 익힘책을 가지고 공부를 시작하는 것이 좋아요.

② **단순한 계산 능력은 몸에 배도록 연습을 해 두세요.**

학년이 올라갈수록 수학은 점점 논리적으로 생각하고 응용할 수 있는 능력을 필요로 합니다. 하지만 논리적으로 순서에 따라 문제를 풀어 가는 과정에서도 계산이 필요한 경우가 많아요. 계산이 수학에서 핵심은 아니지만 그렇다고 해서 수학을 하는 데 계산력이 필요 없다는 뜻은 아니랍니다.

덧셈, 뺄셈, 곱셈, 나눗셈을 비롯한 여러 가지 다양한 계산 문제를 많이 풀어서 자동적으로 계산을 할 수 있도록 해 두는 것이 좋습니다. 계산 실력이 떨어지는 사람은 원리를 잘 이해하고 외우고 있더라도 문제를 푸는 도중에 계산 실수를 하거나, 시간이 부족하여 좋은 점수를 받지 못할 수 있기 때문이지요.

③ **차근차근 풀이 과정을 써 가면서 공부하세요.**

수학 문제를 풀 때는 연필을 가지고 써 가면서 푸는 것이 좋아요. 풀이 과정을 차근차근 깨끗하게 써 내려가면서 정리하는 습관을 가지세요. 때로는 그림을 그려보는 것도 수학 문제를 해결하는 데 도움이 되는 경우가 많아요. 머릿속으로 계산을 해서 척척 답을 내는 것이 수학을 잘하는 것처럼 보일 수도 있지만 학년이 올라갈수록 암산만으로 풀 수 있는 문제는 많지 않답니다.

수학은 어떤 공부보다도 가장 논리적이고 문제를 풀어 가는 순서가 중요한 과목이랍니다. 문제를 풀어 가는 과정을 정성껏 써내려가면서 내가 쓴 연습장의 수가 늘어가는 재미를 느껴보세요.

④ 비슷한 문제들을 반복해서 풀어 보세요.

수학의 원리를 잘 이해한 다음에는 꼭 문제를 풀어 보는 것이 좋아요. 처음에는 비슷한 유형의 문제를 반복해서 풀면서 익히는 것이 좋답니다. 수학 익힘책은 이렇게 공부를 하기에 매우 좋은 책이랍니다. 수학책에서 배운 원리들을 수학 익힘책의 문제들을 풀면서 다져가는 것이지요.

다른 친구들이 한다고 내 수준에 맞지도 않는 어려운 문제집을 가지고 공부를 시작한다거나 여러 권의 문제집을 들춰가면서 이것저것 손대는 것은 별로 도움이 되지 않아요. 비슷한 문제를 반복해서 풀다 보면 어떤 문제를 만나더라도 "아! 이것도 그 문제와 비슷한 문제네. 그 때처럼 하면 되겠구나." 하는 생각이 들면서 수학이 참 쉽다는 생각이 들게 되지요. 무슨 공부나 마찬가지지만 차근차근 한 단계씩 올라가야 한답니다.

⑤ 한 문제를 풀더라도 자기 힘으로 해결하는 습관을 가지세요.

문제를 풀다 보면 잘 나가다가도 막힐 때가 많을 거예요. 처음에는 참고 이렇게도 풀어 보고 저렇게도 풀어 보다가 안 되면 그냥 해답을 보거나 공부를 그만둔 적도 많을 거예요. 이럴 때는 시간이 걸리더라도 천천히 몇 번이라도 반복해서 풀어 보는 것이 좋아요. 그래도 도저히 모르겠을 때 해답의 풀이 과정을 보거나 선생님이나 부모님께 여쭈어 보세요. 그리고 비슷한 문제를 가지고 처음부터 내 힘으로 다시 한 번 풀어 보아서 내 것으로 만들어야 한답니다.

수학은 머리 좋은 어린이들이 잘한다기보다는 끈기를 가지고 계속해서 반복하고 연습하는 어린이가 잘할 가능성이 크답니다.

⑥ 예습을 하고 수업 시간에 선생님께서 풀이하는 과정을 보며 맞추어 보세요.

수학 예습을 해 본 적이 있는 어린이는 예습을 하고 수업을 들을 때의 기쁨을 느껴보았을 거예요. 이해도 너무 잘 되고 선생님께서 물어 보실 때 대답도 잘할 수 있고. 예습하면서 이해가 안 되었던 것을 선생님의 설명을 들으면서 이해하거나 또 나중에 질문을 할 수도 있지요.

하지만 예습을 한다고 교과서와 수학 익힘책에 답을 모두 써 와서는 학교에서는 놀고 있다거나 선생님의 설명을 듣지 않는다면 차라리 예습을 하지 않는 것이 나아요. 예습용 교과서와 익힘책을 마련해서 사용하거나 따로 공책을 마련해서 풀이 과정과 답을 기록하는 것도 좋은 방법이랍니다.

과 목 별 / 공 부 / 잘 하 는 / 비 결

사회 잘하는 방법

사회는 4학년이 되면서 어린이 여러분들에게 상당히 부담스러운 과목으로 등장할 거예요. 사회책의 내용이 워낙 많아서 공부할 양도 너무 많은 데다가 사회과 탐구까지 공부를 해야 하니 도무지 어떻게 하면 좋을지 모르겠다는 생각이 들지요?

초등학교에서 공부하는 사회 안에는 우리 나라의 지리, 역사, 경제, 정치와 사회 현상에 대한 내용들이 모두 들어 있어요.

이 중에서 한 가지만 공부하려고 해도 꽤 많은 내용인데 모두를 다 공부하기 힘든 것은 당연하지요. 게다가 이런 내용들을 모두 하나씩 외우려고 들면 정말 머리가 터질 지경이라는 생각이 들 거예요. 자, 그러면 어떻게 하면 좋을까요?

① **사회책의 내용을 외우려고 하기 전에 관심을 갖고 전체 내용을 읽어 보세요.**

먼저 사회를 잘하려면 사회책의 내용을 외우려고 하기보다 관심을 갖고 전체를 읽어 볼 필요가 있어요. 사회책을 동화책 읽듯이 읽어 보세요. 역사에 대한 부분이 나오면 옛날 사람들이 생활했을 장면을 상상하면서 읽는다거나 정치에 대한 이야기가 나오면 요즘 TV에 나오는 정치인 아저씨들이 하는 일이나 여러분이 학교나 동네에서 친구들과 지낼 때의 모습을 떠올리면서 읽어 가는 거예요.

나와 전혀 상관없는 내용이라고 생각하면서 사회책의 내용을 볼 때는 사회가 재미없고 어렵게 느껴지지만 상상력을 발휘하면서 생활과 관련시켜서 공부를 하면 사회책에 없는 내용까지도 관심이 생겨서 혼자서 더 많은 책을 찾아서 읽게 된답니다.

② 사회 교과서, 사회과 탐구, 사회과 부도를 모두 활용하세요.

사회 교과서를 중심으로 내용을 먼저 파악하고 사회과 탐구를 읽으면서 내용을 보충해가는 것이 좋아요. 사회책과 사회과 탐구를 서로 다른 책으로 각각 공부하려고 하면 내용도 너무 많은 것처럼 느껴지고 재미도 없지요.

하지만 사회과 탐구는 사회 교과서만으로는 이해하기 부족한 내용을 설명해 주고 있어요. 사회과 탐구의 내용을 따로 외우려고 하기보다는 재미있는 이야깃거리로 생각하면서 읽어 두는 것이 좋아요. 그리고 우리 나라의 산과 강, 평야, 도시 등에 관한 공부를 할 때는 사회과 부도를 옆에 두고 반드시 지도를 찾으면서 공부하세요.

친구들과 지도 빨리 찾기 게임을 하는 것도 사회 공부가 즐거워지는 비법이지요. 또 교과서와 사회과 탐구 이외에도 평소에 사회에 대한 책을 많이 읽어 둔다면 사회는 따로 공부를 할 필요가 없는 재미있는 과목이 될 수 있어요.

③ 상상력을 발휘하여 여러 가지 내용을 연관지어 보세요.

사회는 어떤 과목보다 우리 생활과 가장 관계가 깊다고 할 수 있어요. 사회가 재미없는 과목이라는 생각이 든다면 생활과 관련을 지어서 생각하지 않고 그냥 책에 있는 지식이라고 생각하고 외우려고만 하기 때문일 거예요. 사실 시험을 잘 보기 위해서 내용을 정리해서 외우는 것이 필요하기는 하지만 사회책에 있는 내용들을 하나하나 따로 떼어서 외우려고 들면 몇 배로 힘이 든답니다.

사회를 보다 쉽게 잘하기 위해서는 상상력을 발휘하면서 내용을 이해하고, 이해한 내용들을 서로 관련지어 보는 것이 좋아요. 일종의 마인드 맵(mind map)처럼 공부한 내용들을 가지를 만들어 가면서 연관을 지어 생각해 보세요. 이렇게 생각에 생각의 꼬리를 물면서 연관 지어 공부하면 나중에 기억을 하는 데에도 큰 도움이 되지요.

이 때 책에 있는 그림들을 보면 상상도 잘 되고 내용도 쉽게 이해가 된답니다.

④ 전체적인 흐름을 파악했으면 중요한 내용을 공책에 정리해서 외워 보세요.

수업 시간에 선생님의 설명을 잘 들으면서 전체적인 흐름을 먼저 알아 두는 것이 좋아요. 혼자서 책만 보면 전체적인 흐름을 알기 어렵지요. 특히 단원의 첫 시간에는 그 단원에 들어 있는 전체적인 내용이 무엇인지 작은 제목들을 먼저 모두 훑어보면서 전체 내용을 머릿속에 그려 두고 하나하나 내용들을 채워 가는 것이 좋아요.

내용이 전체적으로 이해가 되었으면 중요하다고 생각되는 내용들을 자기 나름대로의 방법으로 공책에 정리해 보세요.

사회 과목은 마인드 맵 방식으로 내용을 정리해 보는 것도 좋은 방법 중의 하나랍니다. 공부한 내용들이 대부분 서로 연관되는 경우가 많기 때문이지요. 정리가 끝나면 내용을 반복해서 되새겨 보세요. 내가 만든 마인드 맵을 다시 떠올리면서 정리해 보면 특별히 외우려고 하지 않아도 머릿속에 남아 있다는 걸 발견하게 될 거예요.

⑤ 문제집을 풀어 보면서 몰랐던 부분을 채워 가세요.

끝으로 문제집을 풀어 보면서 아직 정리가 안 된 내용이나 몰랐던 내용, 틀린 문제 등을 정리해 두세요. 문제집을 풀어 보면 내가 확실하게 알지 못하고 있었던 내용이 무엇인지 알 수 있어요.

문제집을 먼저 푸는 것은 큰 도움이 되지 않아요. 전체 내용을 먼저 이해한 다음에 문제를 풀면서 어떤 내용을 모르고 있었는지, 또는 잘못 알고 있었는지를 알고 채워 가는 것이 도움이 되지요. 그리고 정리해 둔 내용은 시험을 보기 전에 다시 한 번 살펴보는 것이 좋겠지요.

과목별/공부/잘하는/비결

과학 잘하는 방법

사회가 우리 주변의 사회 현상에 대해 공부하는 것이라면 과학은 우리 주변의 자연 현상에 대해 공부하는 것이라고 할 수 있어요. 그래서 과학도 사회만큼이나 내용이 많고 다양하지요.

하지만 과학은 사회처럼 상상력을 발휘하기보다는 실제로 실험을 하거나 관찰을 해서 눈으로 보고 확인할 수 있는 내용들이 많아요.

우리가 직접 눈으로 보고 실험했던 내용들을 쉽게 잊어버려지지 않기 때문에 평소에 실험을 하거나 관찰한 내용들을 관심을 가지고 정리만 잘해 두어도 과학 공부는 거의 다 된 셈이라고 할 수 있지요. 그러면 과학 공부를 잘하는 방법을 차근차근 알아봅시다.

① **실험과 관찰 활동에 적극적으로 참여하세요.**

초등학교에서 과학 공부는 주로 관찰해서 기록하거나 실험을 하고 그 과정과 결과를 기록하는 활동이 많지요. 그리고 직접 관찰하거나 실험을 할 수 없는 경우는 동영상이나 그림 등을 통해서 설명을 듣기도 할 거예요. 그렇기 때문에 실험이나 관찰 활동을 할 때 적극적으로 나서서 참여할 필요가 있어요.

내가 직접 해 본 활동은 머릿속에서 잘 없어지지 않기 때문에 따로 시험 공부를 하면서 외우려고 노력을 하지 않아도 된답니다. 그리고 활동을 하면 할수록 과학에 대한 관심은 더욱 커지고 재미도 몇 배로 늘어나지요.

다른 친구들이 실험을 할 때 옆에서 지켜보기만 한다거나 관찰을 할 때에도 별 관심 없이 대충 관찰해서 기록해 두면 기억에 남지도 않고 시험 공부를 할 때 처음 배우는 내용처럼 다시 공부를 해야 하기 때문에 힘이 들지요.

② **과학책에 나오는 여러 가지 용어를 알아 두고, 그림과 표, 그래프를 눈여겨 보세요.**

과학도 수학처럼 과학에서 사용하는 특별한 용어들이 있어요. 쉬운 예로 운동 에너지라든가 쌍떡잎 식물이라든가 마그마라든가 하는 말들이 무엇을 의미하는지를 먼저 알아야 그 다음의 내용을 이해할 수 있지요.

과학에서 사용하는 낱말의 뜻을 알지 못하면 그 다음의 개념을 이해하기는 어렵답니다. 새로운 용어가 나올 때는 먼저 그 뜻을 알아 둘 필요가 있지요. 그리고 과학 관련 책을 보면 여러 가지 그림, 표와 그래프가 들어 있는 것을 볼 수 있어요. 과학 공부를 할 때는 이런 표와 그래프, 그림들을 눈여겨 보고 이런 자료들을 읽고 이해할 수 있도록 하는 것이 중요하답니다.

③ 평소에 과학에 관련된 책을 읽으면서 관심을 키워 가세요.

과학을 수업 시간에 공부하는 것도 좋지만 평소에 과학에 관한 여러 가지 책이나 어린이 신문의 기사들을 관심 있게 읽어 두면 과학에 대한 관심과 흥미를 갖게 되는데 큰 도움이 된답니다. 만화나 재미있는 이야기 형태로 되어 있으면서도 중요한 과학의 원리들을 담고 있는 책들도 많이 있어요. 처음부터 딱딱한 내용만 들어 있는 책을 읽는 것보다는 재미있는 과학 이야기 또는 과학 원리에 관한 책부터 읽기 시작하는 것이 좋지요.

그리고 과학 시간에 배운 내용과 책을 통해 알게 된 지식이 실제 생활에서 어떻게 나타나는지 관심을 갖고 확인해 보면 과학은 점점 더 재미있는 과목이 되어 갈 거예요.

④ 크고 중요한 내용부터 이해하고 세부적이고 작은 내용들을 채워 가세요.

과학책에는 많은 사실들과 세부적인 내용들이 들어 있지요. 하지만 이렇게 세부적이고 작은 내용들에만 집중하다 보면 과학이 너무 어렵고 복잡하다는 생각이 들 수 있어요.

과학 공부를 할 때는 처음 단원을 시작할 때 이 단원에서는 무엇에 대해 배우는 것일까를 먼저 생각해 보면서 실험과 관찰을 통해 내용을 하나씩 채워 나가는 것이 좋답니다. 그리고 실험과 관찰을 통해 알게 된 내용도 무작정 외우려고 하지 말고 원리를 찾아 이해하면서 내용을 정리해 두세요.

실험 관찰책에 실험과 관찰한 결과를 차근차근 정리해 두고 최종적으로 알게 된 내용만 요점을 정리해서 공책에 간단하게 정리해 두는 것도 도움이 되지요.

⑤ 문제를 풀어 가면서 잘못 알고 있던 개념을 바로잡으세요.

과학 문제를 풀어 보는 것은 잘못 알고 있었던 개념을 바로잡는데 도움이 된답니다. 실험이나 관찰을 하면서 막연하게 알고 있었던 내용이 문제를 풀다 보면 좀더 확실하게 머릿속에 들어오고, 어느 곳이 부족한지를 알 수 있게 되지요.

시험을 보기 전에 내가 먼저 나름대로 문제를 만들어 풀어 보는 것도 과학 지식을 탄탄하게 다져 가는 좋은 방법이라고 할 수 있어요.

과 목 별 / 공 부 / 잘 하 는 / 비 결

효과적인 공책 정리법

여러분은 과목에 따라 자기 나름대로 공책 정리를 하고 있나요? 요즘은 대부분의 교과서가 학습장으로 사용할 수 있도록 되어 있어서 따로 공책 정리를 하지 않는 어린이들이 많을 것 같아요.

하지만 초등학생 때부터 자기 나름대로의 공책 정리 방법을 가지고 공부한 내용을 정리하는 습관을 기르면 학년이 올라가고 공부할 내용이 많아지더라도 큰 어려움 없이 공부할 수 있답니다.

① 가급적 연필을 사용해서 정리하고 특별한 곳에 표시가 필요할 때에만 색연필이나 형광펜을 사용하는 것이 좋습니다. 색 표시를 너무 많이 해 두면 오히려 무엇이 중요한 내용인지 알아보기 힘들어 효과가 없어진답니다.

② 내용을 너무 빽빽하게 쓰는 것보다는 빈 공간을 두는 것이 좋아요. 빈 공간에는 잘 이해가 안 되는 질문거리를 적어 두거나 집에 가서 찾아본 내용, 선생님이 중요하다고 말씀하시는 내용, 보충 설명해 주신 내용들을 적어 두세요.

③ 어떤 과목이든 단원을 시작할 때는 그 단원의 목표를 쓰고 모르는 낱말이나 새로 나온 낱말의 뜻을 먼저 정리해 두는 것이 좋습니다. 그러고 나서 중요한 내용을 정리해 나가되 또박또박 간결하게 쓰는 것이 좋아요.

④ 그림이나 마인드 맵 등을 활용해서 공책을 정리하는 것도 좋은 방법이에요. 글자로만 공책을 정리해야 하는 것은 아니랍니다. 그림이나, 그래프, 표, 연표 등을 그려 놓거나 복사해서 붙여 놓는 것도 괜찮아요. 자기만 알아볼 수 있는 기호를 만들어서 표시하는 것도 재미있지요.

⑤ 예습한 내용과 수업 시간에 공부한 내용, 복습한 내용을 따로 구분해서 써 두거나 다른 색으로 표시해 두는 것도 도움이 되지요. 예를 들면 공책을 반으로 접어서 왼쪽에는 예습한 내용을 적고 오른쪽에는 수업 시간에 공부한 내용을 적어 두는 거예요. 그리고 집에서 복습을 하면서 빠진 내용은 맨 아래에 정리해 두는 것도 하나의 방법이랍니다.

⑥ 어떤 시험이든지 시험을 보고 나서는 틀린 문제를 정리해 두는 것이 좋아요. 선생님들 중에는 틀린 문제 써 오기를 숙제로 내주시는 분들도 계실 거예요. 이 때 오답 노트를 따로 만들어 사용하면 잊어버리지 않고 나중에 찾아보기 쉬워서 틀렸던 문제를 또 틀리는 실수를 하지 않을 수 있어요.

2015년 12월 15일 2판 1쇄 발행
2017년 7월 10일 2판 3쇄 발행

지은이 | 임경희 조붕환
그린이 | 바이일러스트
발행인 | 김경석
펴낸곳 | 아이앤북
편집자 | 우안숙
디자인 | 김희영 장지윤
마케팅 | 정윤화 남상희
주　소 | 서울시 성동구 천호대로 424
연락처 | 02-2248-1555
팩　스 | 02-2243-3433
등　록 | 제4-449호

ISBN 979-11-5792-047-1 74370
ISBN 979-11-5792-097-6 (세트)

이 책에 실린 모든 내용, 디자인, 이미지, 편집 구성의 저작권은 아이앤북과 지은이에게 있습니다.
http://blog.naver.com/iandbook 아이앤북은 '나와 책' '아이와 책'이라는 뜻을 가지고 있습니다.

이 도서의 국립중앙도서관 출판시도서목록(CIP)은 e-CIP 홈페이지 (http://www.nl.go.kr/ecip)
에서 이용하실 수 있습니다. (CIP 제어번호 : CIP2017000753)